子どもの言いぶん おとなの聞きかた

子ども・くらしインタビュー　　ホントの気持ち、伝わっていますか

ウェイツ

まえがき

16人の子どもへのインタビュー

　本書は、おとなが子どもにインタビューした結果をまとめたもので、計16人分の実例が収められています。ただし、インタビューといっても、それを行ったのはプロのインタビュアーではありません。普通のお母さんであったり、私が開発した「らくだ教材」を使った学習塾の指導員であったりという人たちです。一方、インタビューされたのは、その学習塾で学ぶ生徒たちやその友達で、下は5歳から上は15歳までの子どもたちが参加してくれました。

　多くの人は、インタビューをすることにいったいどんな意味があるのか、なんの役に立つのかと疑問に思われるかもしれません。そこで、本編に入る前に、インタビューの効用や、本書が生まれるきっかけになった出来事について書いてみます。これを読んでいただければ、皆さんの疑問はきっと解けることでしょう。

インタビューゲームから「教えない教育」の確信へ

　インタビューと聞くと、それはプロがやることで、誰でも簡単にできるものではないと思われるかもしれません。実は私も、1990年以前はそう思っていました。ですから、インタビューのプロを呼んで、インタビュー講座を開いたこともありました。

　しかし、いくら試してみても、自分もインタビューをやってみようと言う人はほとんど現れませんでした。当時は、上から下への講義形式でインタビューのモデルを示すという、まったくもって旧標準な教え方をしており、あとから考えれば、これがうまくいかなかった原因でした。

　ちょうどそのころ、「らくだ教材」を使って指導する人のための「指示・命令をしない指導者の養成」も行わなければならなくなりました。その講座の中で、ふとしたことから、参加者全員が容易にインタビューができるようになっていたのです。これまで、教えようとすればするほどできなかったインタビューが、教えることもせずに、ぶっつけ本番でやったにもかかわらず、全員ができてしまったのだから驚きです。そのきっかけになったのが「インタビューゲーム」でした。

　その時の参加者は計20名でしたが、2人1組になって互いに20分ずつ話を聞き合い、聞いた話をそれぞれが相手になり代わって文章にまとめました。その結果、「インタビューなんてしたことがない」「文章を書くのは大の苦手」といっていた人までが、インタビューができただけでなく、文章まで書けてしまったのです。これは、「インタビューゲーム」という手法が発見されたと同時に、私の中で、「教えないこと」の大事さが確信に変わった瞬間でもありました。

　ただ、その時はまだ、このことにどんな意味があるのか、はっきりとはわかっていませんでした。今にして思えば、「インタビューゲーム」を生み出し、「教えない教育」の

存在に気づいたことは、教育が大きく変わっていく歴史の転換期に、必然とも言える出来事だったのだと思えてなりません。(インタビューゲームの詳細についてはp172を参照)

相手に寄り添って聞くことに徹する

　本書には、実際に子どもたちにインタビューした結果が具体的に紹介されています。この本を読んだ方が、「私も子どもにインタビューをしてみたい」と思ってくだされば、嬉しい限りです。

　この本の中で実際にインタビューをしているのは、私の講座で「インタビューゲーム」を体験したことのある人たちですが、「インタビューゲーム」を体験していなくても、この本を読めば、誰でもインタビューができるようになります。試しに、1度やってみてください。うまくいかなかったとしても、再度挑戦してみればいいのです。インタビューに失敗はありません。

　ほんのちょっと、いつも自分の話ばかりをしている人が口をつぐんで、子どもの声に耳を傾け、子どもの話に寄り添って、「聞く側に徹する」ことをしてみるだけで、今まで聞こえてこなかった子どもの声が聞こえてくるはずです。特別のことだと思わず、失敗を恐れず、ぜひチャレンジしてみてください。

やってみてわかるインタビューゲームの楽しさ

　この本をつくるにあたって、発行元のウェイツの中井健人さんと坂田耕司さん、それに飯島ツトムさん（コンセプター）と立野由美子（セルフラーニング研究所）、私の5人で編集会議を重ねながら、どうしたら誰にでも容易にインタビューを体験してもらえるだろうかと話し合いました。

　インタビューをする時に一番問題になるのが「問い」であることから、「問い」の出し方についても協議しました。たとえば、「好きな食べ物は何ですか？」とか「好きな科目は何ですか？」というような、アンケートのように初めから問いを限定したやり方では、インタビューにならないという話になりました。そこで「起きる」「着る」「遊ぶ」「食べる」「その他（手伝い、テレビ、塾、勉強等々）」という子どもたちの暮らしに不可欠な、しかしとても簡単な事柄、誰もが1日の生活の中で通過している5項目の行動についてだけ、聞くことにしようということになったのです。

　インタビュアーは、これらの項目について、どんなふうに聞いてもいいのです。まず簡単な質問から入り、それに対する相手の話を聞いて、その話を聞いていく過程で浮かんだ問いをまたしていく。聞きたいことを聞くというより、むしろ相手の話したいことを聞いていくという感じです。このようにして行われたインタビューを文章にまとめ、さらに、インタビュアーがインタビュー中に感じたことや浮かんだことを、欄外に書いてもらいました。これらのまとめを親に読んでもらい、その後、親にインタビューしてその感想をまとめました。また、インタビュアー自身がインタビューし

てみてどうだったのか、その感想も書いてもらいました。そして最後に、私が、それらすべてを読みながらコメントを書いたのです。本書には、このような構成で編まれたインタビューの記録が計16編収められています。

　この本を読んでいただければ、きっと、「自分にもできる」「インタビューってなんて楽しいんだ」「自分の子どもにもぜひやってみたい」と思うようになることでしょう。そして、近所に住む子どもたちや自分の連れ合いにもと、インタビューしてみたい対象がどんどん広がっていくことでしょう。

歴史の転換を迎えて新標準の教育が求められる

　ここで、「なぜ今インタビューなのか」、その歴史的背景と、「旧標準」「新標準」の教育について説明しましょう。今、教育はものすごい勢いで変わりつつあります。1990年以降、冷戦構造の終焉、グローバル化、近代から近代以後（ポストモダン）への移行などによって、歴史は新たな段階に入ったとも言われています。そこで、従来のような旧標準の教育では、これからの時代に対応できないことが鮮明になってきました。つまり、時代が求めるシティズンシップ（市民性・公民性）の担い手を育てるために、新標準による教育が求められるようになったのです。

　「インタビュー」の視点からこれらの状況を言い換えると、外的刺激を一切与えず、1人ひとりの子どもの声を聞きながら、子どもの内的動機を重視する教育が、新標準による教育です。

　ここで忘れてはいけない大切なことは、子どもにかかわる側の意識が旧標準のままでは、何も変わらないということです。名ばかりの教育改革では、相も変わらず、学校に行きたがらない子、行かない子が増え続けるばかりで、不登校・ひきこもり・ニート（仕事しない、勉強しない、職業訓練を受けないという青少年）を大量に生み出し、その現実を前になすすべもなく立ち尽くすしかありません。

　今回、この本に掲載されたインタビューは大きな可能性を秘めています。つまり、「旧標準」とは何かがわかり、「新標準」へと自分自身を導くからです。インタビューしているうちに、大なり小なりの「気づき」が起き、それを何度か経験することで、指示・命令で人を動かす必要がなくなってしまう関係が存在することに気づいていきます。

　「上」からの教育改革を望むのは「旧標準」です。そうではなく、もっと目の前の子どもとの関係に着目してみてください。「シティズンシップ」を育て、「新標準」をつくっていくことは、あなたと子どもとのかかわり合いから始まるのです。子どもたちの本当の気持ちに耳を傾けることで、必ず何かが変わり始めます。インタビューは、新しい関係づくりの橋渡しをきっと実現してくれるでしょう。この本に出会い、ここに書いてある私の願いを1人でもたくさんの方に受け取っていただければ幸いです。

セルフラーニング研究所／所長　平井雷太

目次

まえがき ……… p3
子ども・くらしインタビュー ……… p9

「大きくなったら、
リトルマーメイドのアリエルになるねん」
坂本 千明さん 5歳（幼稚園）……………………………… p10

「図書室に仲良し3人と一緒に行って、
本を読んだり、借りたりする。楽しい〜」
一村 綾乃さん 6歳（小1）……………………………… p20

「お手伝いは、お兄ちゃんとかお姉ちゃんもしてるから、
そのうち見ててしようって思ったの」
平川 みのりさん 6歳（小1）……………………………… p30

「テレビ見るのは、
夕方の5時から6時10分までって決まっている」
和気 拓真くん 6歳（小1）……………………………… p40

「学校の帰りにお友達と約束しても、
だいたい『あとで電話するから』って言うの」
鈴木 奈那子さん 6歳（小1）……………………………… p50

「『言ったらヤバイ！』って思ったことは、
言わない」
川本 航太くん 8歳（小3）……………………………… p60

「この洋服を着ると、
どんな視線を浴びるかなって考える」
横堀ミラノさん 8歳（小3）……………………………… p70

「あんな、僕って、
30人くらい友達いてるねんで」
藤井 雄記くん 8歳（小3）……………………………… p80

「嫌なことがあったら暗い感じになるから、
それのいいところを見つけるんよ」
松田 桜さん 9歳 (小4) ……………………………………p90

「普通のこともそれなりに楽しい。
なんでも楽しくて幸せな人間なんだよ、私は」
伊藤 千永さん 9歳 (小4) …………………………………p100

「宿題はいつもやらなきゃって思ってるから、
忘れることはないです」
鈴木 榛乃さん 9歳 (小4) …………………………………p110

「楽しみはダンス！ ストリートダンス。
お稽古に行くのが楽しみ」
吉兼 麻里子さん 10歳 (小5) ………………………………p120

「買い物は、絶対行く。自分でどれを買うか選んで、
サイズをどうするかだけ、お母さんに聞く」
矢古宇 樹くん 12歳 (中1) …………………………………p130

「サッカーもパズルゲームも、
戦略とか戦術とか考えるのが楽しいかな」
上田 洋裕くん 13歳 (中2) …………………………………p140

「歩いていると、こんなのがあるんだって、
いろんなことに気づくのがすごく楽しい」
安藤 晴香さん 15歳 (中3) …………………………………p150

「お母さんとは、映画のことだったら、
結構盛り上がって話すなあ」
木下 優くん 15歳 (中3) ……………………………………p160

インタビューゲームのすすめ ………p170

あとがき ………p172

子ども・くらし
インタビュー

子ども・くらし インタビュー

大きくなったら、リトルマーメイドのアリエルになるねん。

家族構成
父、母、兄(小3)

住居環境
一戸建て

坂本 千明さん
(さかもと ちあき)
大阪府八尾市 5歳 (幼稚園)

大学附属幼稚園
年長組在籍

体操教室
メリーキッズ
(学習塾)

TIME TABLE

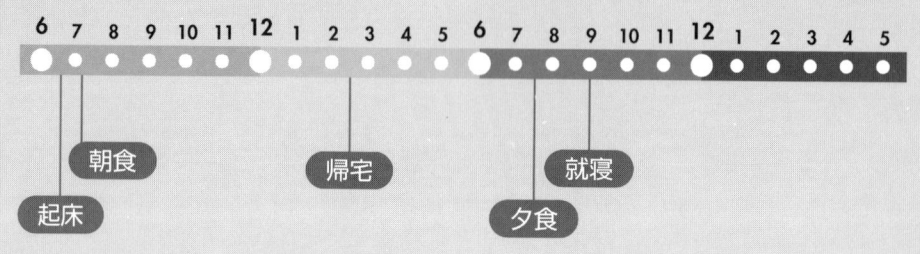

6 7 8 9 10 11 12 1 2 3 4 5 6 7 8 9 10 11 12 1 2 3 4 5

- 起床
- 朝食
- 帰宅
- 夕食
- 就寝

インタビューした人
立野由美子(メリーキッズの指導者)

インタビュー周辺情報
インタビューは2004年7月30日、教室(メリーキッズ)で勉強が終わったあとに行った。この日は、土曜日の午後にゆっくり時間をとることができた。

起きる

――チー（千明）ちゃんは、朝、起きる時って、どうしてるか教えてくれる？

あんな、幼稚園の時は、お母さんが起こしてくれるけど、お休みの時はちゃう（違う）で…。

――じゃあ、お休みの時はどうしてるの？

あんな、下から音するから、なんでかな～って思って起きるねん…。

――へぇ～、音が聞こえたら起きれるって、どんな音が聞こえたら起きるの？

うんとな、アッちゃん（兄・小3）と同じお部屋やから、チーポン（本人）は、しずか～に起きて、ちょっと、音、聞いてんねん…。

――ふ～ん、しずか～に起きたら聞こえるの？

うん、そうやで…、しずか～にしてたらな、聞こえるねんで…。

――へぇ～、どんなんが聞こえるのかな？

う～んと、母さんがご飯つくってるのかな～って音…。

――ふーん、チーちゃんのお部屋で静かにしてたら聞こえるんや？

うん…、そうやで…。

――チーちゃんは、アッちゃんと同じ部屋で寝てるって、2人は2段ベッドとかで寝てるの？

ちゃうやん、アッちゃんと一緒に寝てるねん！

――ええ、どうやって一緒に寝るの？

同じベッドで寝てる。

――じゃあ、仲良しして、2人で一緒のところで寝てるんや…？

あんな、アッちゃんとな、2人でごろごろしながら寝てるねん。そんで暑い時は、せんとうきつけるねんで…。

――えっ、せんとうき？　せんぷうき（扇風機）と違うの？

ううん、「せ・ん・と・う・き」！　扇風機は丸いやつで、チーポンのとこのんは四角いやつやから…。

▼インタビューから見えてきたこと▼

・お母さんに起こしてもらっていることは自覚できている。幼稚園の日と、お休みの日の判断もできている。

・兄と同室で、ベッドも並べて寝ているが、自分が先に起きた時には、静かにするようにという判断もできている。

・曜日の確認は、朝起きた時に、下から音（お料理？）が聞こえるかどうかででも判断しているというのが、おもしろかった。

・「朝の自分の顔は…こんなん」と、話しながら目を細めて、起き抜けの時の顔を真似っこして見せてくれた。毎朝の一連の準備や朝の支度の様子を、チーちゃんが十分理解しているのが、インタビューからわかった。

——せんとうきって、誰に教えてもらったの？
う〜んと、パパ！
——そうか〜、パパが教えてくれはったんや…。
あんな、アッちゃんも、せんとうきって言うてるで…。
——ふ〜ん、そうか。ねえ、お兄ちゃんと一緒に寝てるって、どんなふうに寝てるの？
ええっと、半分ずつに並んで。けど、くっついて、まん中ちょっと空いてるけど、またくっついてるかな…。
——どっちが先にベッドから起きるの？
うんと、アッちゃんが先起きたら、いっつもチーポンに、こちょこちょってするねん。でもな、チーポンは、眠たい時は布団の中で目開けてるけど、じっとしてる…。それで、母さんがまだ寝てる時は、アッちゃんと、ベッドのとこでそんままで遊んでる…。
——2人とも、起きた時、一番には何するの？
ええっと、**幼稚園とちゃう時はテレビ見るけど、ちゃう時は制服着る**…。
——ふ〜ん、テレビって、チーちゃんのお部屋にあるの？
ううん、下のお部屋。だから、テレビ見るのはお休みの時だけやで…。
——そうか、お休みの日はテレビ見てるんや。テレビはチーちゃんが1人でつけられるの？
チーポン、そんなん、かんちこちん（簡単）やもん…。

- 兄妹の2人でお部屋を共有できるのはいつまでかな？と、ふっと、2人がくっついて寝ている様子を想像しながら、話を聞いた。

- 自分が先に起きた時は静かにしているのに、兄が先に起きた時はいつも起こされてしまうことが納得できない様子。この時の様子を説明しているチーちゃんの話を傍で聞いていた兄は、「こちょこちょ」しているのとは違うと、自分の立場を必死に説明しようと、話の中に割り込んできた様子がおかしかった。

着る

——チーちゃんは、朝起きたら、1人でお着替えをしますか？
う〜ん、あったりまえやんか…。
——じゃあ、毎朝、着る服はどれかって知ってるの？
え〜、だってお母さんが出してくれるもん。
——あっそうか、お母さんが用意してくれはるの？
うん、あの、チーポンの服はぜ〜んぶクローゼットに入ってるねんもん。

──へぇ～、クローゼットか。すごい難しい言葉を知ってるんやね？
だって、チーポンの部屋の戸のとこやから、知ってんねんやんか…。
──戸のとこって、もしかしたら、チーちゃんのお部屋に洋服をしまうところがくっついてるのかな？
うん、そうやで。お～きい戸のとこ開けたら、そこが洋服のおうちやねんやんか…。立野先生、知らんのん？
──まだ、チーちゃんの新しいおうちには、遊びに行ってないからな～。
先生、見にきてもええよ、いつ来る？　連れていったげよか？
──ありがとう、今度遊びに行くね。楽しみにしとくね…。もうちょっと、聞きたいねんけど、チーちゃんは、全部、1人でお洋服、着れるの？
幼稚園の服は1人で大丈夫やで。でもな、寒い時のはコートとリボンがちょっと難しいから…、お手伝いしてもらう…。
──じゃあ、コートとリボンはお母さんにお願いするの？
うん、寒い時のだけ、ちょっと手伝ってもらう…。
──チーちゃんは、大好きな服ってある？
うん、カリンちゃん（お友達）にもらった服が一番好き。チーポンな、ほんまはスカートがいいねん。
──ふ～ん、チーちゃんはスカートが大好きなんや？
そうやで、チーポンが、「スカートはきたい」って言うても、お母さんが「ズボンはいとき」って、いっつもお母さんが勝手にズボン出してくるねん…。
──へぇ～、そんな時はどうするの？
しゃあないな～って、ズボンはく。
──チーちゃんは、お母さんにこんなんが着たいとか、お話する？
うん、スカートが好きやからって言うけど…。でもな、お母さんは、チーポンの言うこと聞かんと、「これはいとき」って言うねん。

・チーちゃん専用の衣服の収納場所があることと、どの程度なら自分で着脱が可能かが、話の中から感じとれた。

・年長になってから、制服は1人で着られるようになったと、何度も繰り返し答えてくれた。また、夏服と冬服では取り扱いが違うことがわかった。制服は毎日の通園に着用が必要な服だが、あまり簡単に着脱ができないようで、毎朝の悪戦苦闘が伺えた。

・友達にもらった服が一番好きと言っていたが、洋服の好き嫌いにも、友達の影響があるのかなと驚いた。

・本人はスカートがいいと思っているが、お母さんはズボンがいいと──。今の段階では、まだ選んでもらったものを着ているようなので、単に好き嫌いを言っているだけで、それほど着るものへのこだわりはないのかなと思われる。

⚽ 遊ぶ

――チーちゃんは幼稚園でどんなことするのが好き？
鉄棒と、ブランコと、うんていと、滑り台。
――へぇ～、みんな、お外のんばっかりやね？
うん、一番は鉄棒やねん。
――いっぱいできるの？
あんな、ぴゅうんってくっついて、くる～んって回るねんやん。
――へぇ～、何回もぐるぐるって回るのができるんや？
あんな、ちょっとな、こうやってな…それで回るねん。
――なんで、鉄棒、そんなに上手なん？ 誰かに教えてもらったの？
う～んとな、幼稚園で、お友達と一緒にやってんねん。
――じゃあ、お友達に教えてもらったの？
うん、チーポンも上手やから教えたげたことある…。
――じゃあ、今度はおうちの中やったら、どんなことして遊んでる？
う～んと、お絵描きする。
――1人でするの？
あんな、カリンちゃんとか、アッちゃんとか、パパとかも一緒にする。
――チーちゃん、パパと遊ぶの好き？
うん、パパ、すぐ冗談言うねんで。笑かしてくれるから、メッチャおもしろいねん。
――へぇ～、そうなんや。パパと遊ぶとおもしろいねんね…。いいねぇ～。
パパ、お休みになったらいっぱい遊んでくれんねん…。あっそうや、今日も遊ぶもん…。
――何して遊ぶの？
うんと、ゲームとか、かくれんぼとか、宝探しとか、自転車乗ったりもする…。
――えー！ いっぱいあるね。ゲームって好きなのがあるの？

・幼稚園生活も年長になって、3年間の通園経験が遊びの中にも反映されているのか、安定した友達関係や活動範囲の広がりなど、年齢とともに遊びも変化して、1人遊びから複数へと広がったのが理解できた。

・パパと遊んでいる時は、自分が好きなことをのびのびと安心してできることが伝わってくる。現状ではパパと遊ぶのが、「一番楽しい遊び」との実感がもてているようだった。

うん、あの…、ええっと、アッちゃんがしてるやつ…。
——なんていうのか知ってる…？
…え〜っと…。
——あんまりわからへんのかな？　じゃあ、宝探しって、チーポンどうやって遊ぶのか教えてくれる？
あんな、おうちの中でな、パパがな、チーポンの好きなんとか、おもちゃとか隠したのを、チーポンがどこ行ったかな〜って、探すねん。
——へえ〜、おもしろそうやね。パパって、隠すの上手なの？
うん、あんな、でもな、見つかるようにな、パパ、やってくれるねん…。

- お父さんと遊びたいというのは、兄が一緒に遊んでいる様子を見ての影響かもしれないが、ゲームなどで、特別に執着しているものはないようだった。かくれんぼ、宝さがし…と、パパが一緒に遊んでくれるのが何より嬉しいようで、兄を意識しながら、同じように行動しようとしていることが伝わってくる。

食べる

——チーちゃんは、誰とご飯食べてますか？
チーポンと、アッちゃんと、母さんと。
——パパはいないの？
あんな、パパはお休みの時に一緒に食べる。
——あっそう、パパとはいつも一緒じゃないんや？
だって、パパは、お仕事やから…、帰ってきたら1人で食べるだけ。
——ふ〜ん、じゃあ、いつも3人だけで食べるの？
う〜ん、でもな、チャーちゃん（母方の祖母）と、オー（母方の祖父）とかも食べるけど、あっ、もう1人のおばあちゃん（父方）も食べる…。
——ええすごい、そんなにいっぱい？
あんな、もう1人のおばあちゃん、お引っ越ししたから、おばあちゃんのおうちにも、1人で歩いて行けるねん。
——歩いて行けるって、遠くじゃないの？
うん、大丈夫やで。だっておばあちゃん、1人やから、すぐに行けるとこにお引っ越ししたねんもん…。
——じゃあ、チーちゃんが、おばあちゃんとこに遊びに行ったげられるんや？

- 子どもたちの夕食時間に、父親が同席するのは難しいことがよくわかった。また、父親が1人で食べているのも、なんとなく気になる様子だった。

- 母親の実家の近くに、今年、一戸建て住宅を新築して引っ越しされたばかり…。まだ、周りの環境認識はできていないようだが、その分、祖父母（母方）との行き来が自然にあることがよくわかった。また、父方の母も同居ではないが、最近、近くに引っ越してきたので、新しい訪問先もできたようだ。

う～ん、あんな、まだちょっと間違うけど、お母さんが、1人で行けるようになるって言うてた。あんな、こういって、こういって行くと、行けんねんけど…。
――そうか、もう1人のおばあちゃんのおうちもチーちゃんの近くになったから、両方のおうちに遊びに行けるようになったんや。いいねえ～。
そうやで…、チーポンがみ～んな、遊んだげるねんで…。

・両方の祖父母の家への行き来など、「1人でできる」ことが少しずつ増えていくのを、楽しみにしている様子が伺えた。両方の祖父母の存在により3世代間の交流が存在しており、子どもの行動範囲が広がったり、子ども自身が具体的に他者にしてあげたいことなどを自覚するなど、いろいろな社会体験のきっかけが生まれていることがわかった。

♡ その他

――チーちゃんは、い～っぱいいろんなことが1人でできるけど、お手伝いとかもする？
うん、母さんが、「大根おろしして」とか言うねん。だから、お手伝いする…。
――へえ～、そんなんできるんや…。でも、大根おろしって大変じゃない？ 力入れないといけないし…。
あんな、チーポン、力あんもん…。母さんが持っててくれるから上手やねん…。
――大根おろしの他に、お手伝いすることある？
ええっと、お箸並べたり、お茶碗置いたり…。母さんな、いっつもな、チーポンにな、「手伝ってね～」って、よ～ゆうねん…。
――じゃ、チーちゃんは、ご飯の時は忙しいね？
うん、いっぱいせなあかんねん…。あっそや、チーポンな、フライパンで炒めたり、お料理もするで。
――へえ～、そうなんや？
それでな、チーポンな、大きくなったら、リトルマーメイドのアリエルになるねん。
――ええ、どうしてそう思ったん。アリエルって人魚やん。それやったら、いっぱい泳がれへんとあかんね？
チーポン、いっぱい泳げるもん…。だって、バタ足も、ラッコ泳ぎもできんねんもん。
――へえ～、ず～っとお水に入ってても平気なんや？
うん、大丈夫やで、チーポン、ず～っと泳げるもん。

・「できる」ことを上手に手伝わせてもらってる様子が伺える。

・大きくなったら…と、ディズニーのアニメの主人公になりきって、一所懸命説明してくれた。何度も繰り返しDVDで見たお話なので得意満面だった。

――そうなんや、チーポンはアリエルにもなれるんや。他には、どんなことができるの？
う〜んと、お留守番かな…。
――お留守番って、チーちゃんが1人でするの？　やったことあるの？
あんな、まだな、1人でやったことないねん。でもな、ちょっと怖いけど、やってみようかな〜って。でも、あの〜、学校に行ったらするわ…。
――あっそうか、チーちゃんは今度は学校やから、学校行ったら、またいっぱいしたいことがあるんや？
うん。あんな、お買い物行きたいねん。学校行ったら、母さんにお使い頼まれるかもしれへんから、チーポンな、お財布いっぱいためてるねん。
――お財布？　チーポンがいっぱい持ってるの？
うん、母さんに見つかったらあかんけど、アンパンマンと、スヌーピーとプーさんと。それと、くまのプーさんのんは、ポケットがいっぱい付いてるから、まだわからへんねんけど、アンパンマンはカード入れるの付いてるから、たいがいのはアンパンマンでいけるかな〜って…。
――どうして、チーちゃんのお財布のこと、お母さんに見つかったらあかんの？
だって、母さん、すぐにチーポンの貸してって言うからやんか。
――あっそうか、お母さんが、チーちゃんのお財布を貸してねって言わはるんや？
うん、母さんな、すぐ「かわいいな」って言うねん。それでチーポンが、「あかんよ〜」って言うねん。でも、1人でお買い物行くの、楽しみやねん…。

・幼稚園から学校へという変化を、幼児もかなり意識するものなのか、「学校に行ったら…」という表現が、何度も話の中に出てきた。

・まだやったことないこと、できていないことの説明に、「学校」が使われるのが印象的だった。

・「買い物」にも行きたいと言い、その時に使うものまで揃えているという話にびっくりしたが、少しずつ「お手伝い」できるようになりたいという気持ちの表れなんだろう。

子どもの感想

——お話聞かれてどうだった？
お話、おもしろかった。大好きなもんとか、いっぱいあるから、先生に今度見せたげる。
——じゃあ、今度見せてね。
新しいおうちに遊びにきて欲しい。チーポンの家、すごいで……。

親の感想

インタビューで娘が話したことを読んで、さすが女の子…。なかなか正確に物事を捉えているな〜と感心してしまいました。が、その分、こちらも行動をしっかり観察されているということですから、ちょっと怖いな〜って感じで、何とも複雑な思いです。

またこの頃は、特に「自分で…、自分で…」が口癖になって、やる気満々なところもでてきましたが、でも、まだまだ「気分屋さん」のところがいっぱいです。

そのうえちょっと心配なのは、やりたいことがいっぱいになり過ぎて、いろんなことが中途半端で、忘れ物も多発していることです。口では偉そうにおとなっぽいことを言ってはいますが、なかなか行動が伴わないのが現状ですから、親としてはまだまだ安心できないのも事実です。

どこまでなら、手伝ってあげてもいいのかとか、どんなことは1人でさせてもいいのか…など、判断がつかなくて衝突することが、このところ多くなったような感じです。

それでも、幼稚園に行く前までは、積極的に物事に取り組む姿勢が見られて、我が子ながら「賢い」なんて親バカしていましたが、3年保育の幼稚園というゆったりした空間の中で、何の苦労や努力をしなくても、幼稚園生活が送れると判断したのでしょうか、その後まったく進歩することなく、むしろ本人は、できることばかりの連続で、最近はすっかり「手抜き」になっています。

娘は来春から小学生ですが、このままだとどんなことになるのでしょうか…？　時々ふっと浮かぶのが、たくさんの子どもたちの中で、立ち往生している娘の姿です。できるだけ、スムースな学校生活を始めてくれればと思って、気が付けば、こちらもついつい、言葉掛けが厳しい口調になりがちなのを反省しています。

これからもきっと、自分でやり遂げることの難しさや目標を達成した時の喜びを感じられたら、もっと、大きな人間になっていけるだろうと思っています。

親として難しい課題を与えられたと、少々荷が重いですが、どうか「ウサギとカメ」のウサギにならないでと祈っています。子どもがこれからどんどん大きくなるにつれ、行動が積極的になっていく時に、どんな言葉掛けや、助けが必要なのかな〜と、たくさんの宿題を、毎日子どもからもらっているような気分です。

インタビュアーの感想

5歳のチーちゃんとの話はとっても愉快でした。家族の1人ひとりとの会話や、仕草の特徴までしっかり説明してくれるのですから、家の中でのことや、おじいちゃんやおばあちゃんのことまでが、鮮明に思い描けました。年齢を問わず、じっくりと話すことをするだけで、子どもの生活環境や、出来事の背景が、とてもよく見えてくるのは、改めて驚きでした。

今回は特に、チーちゃんたち一家が引っ越しされて、新しい環境での生活が始まったので、一番の興味としては、新しい生活環境の中でのチーちゃんの変化が見つけられればいいな〜って思い、話を聞きました。

2時間くらいの間、話を聞き続けましたが、話は、途切れることなく、あっという間に時間が過ぎました。最も印象的だったのは、1人で「お留守番」をしたいということ、それをいつからにしようかと真剣に悩んでいるのが、おもしろかったです。「就学年齢」とは、子どもにとって新しいことや、ちょっと気になっていたことなどに挑戦してみたくなる…、新しい行動を起こすきっかけになるのかなと、話していて感じました。

おかあさんが、おっしゃるように、「やりたいことがいっぱいある！」というのが、チーちゃんと話していてビンビン伝わってきました。また、幼稚園でのお友達との会話や、お兄ちゃん（小3）とのやり取りの説明など、チーちゃんの話しっぷりから、その場面の1つひとつがしっかり浮かんでくるくらい、実に克明でした。

もともと「話上手（話好き？）」なチーちゃんですが、この話しっぷりを活かして、周りの人に上手に手伝ってもらえる信号を発信してきたのか、意外なくらい周りが気づかないで、つい手を出していたことが、今回のインタビューで見えてきました。ですから、チーちゃんは意外に後始末が下手だったんだ〜というのが、今回の発見でした。本人にもお母さんにも、もちろん私自身にも、これからの課題が、はっきりしてきたのは収穫でした。

「自分で決めたことがどこまで1人でできるか…」、お母さんのチーちゃんへの評価はなかなかに厳しいですが、きっと、これからもお母さんや、周りの人たちとぶつかったり、また時には困りながら、「やりたいこと」をしっかりとその時々で見つけながら、進んでいくだろうな…と思いました。

らくだの目

皆さんは、「5歳の子にインタビューなんてできません！」「何、聞いていいかわかりません！」と思っていませんか？ おとなが子どもに「聞きたいこと」を聞こうとすると、子どもが「言わされている」と感じた時には、口を閉ざしてしまうことがよくあります。ですから、まずは、子どもが「言いたいこと」に寄り添って聞いてみてはどうでしょうか？ 子どもが話し始めた時、そこで自分が言いたいことが浮んだとしても、そのことには触れず、まずは、子どもの話から問いを出すようにして、子どもの声に耳を傾けてみてはどうでしょうか？ そうすると、子どもは本当によく話してくれます。

子ども・くらし インタビュー

図書室に仲良し3人と一緒に行って、本を読んだり、借りたりする。楽しい〜。

家族構成
父、母、弟(3歳)

一村 綾乃さん（いちむら あやの）
鳥取県鳥取市 6歳 (小1)

住居環境
一戸建て
(2棟)

少林寺拳法
絵画教室
進学塾
プラッツ「遊々」
(学習塾)

お絵描きが好き
パソコンは幼児の時から自由に使える環境

TIME TABLE

| 6 | 7 | 8 | 9 | 10 | 11 | 12 | 1 | 2 | 3 | 4 | 5 | 6 | 7 | 8 | 9 | 10 | 11 | 12 | 1 | 2 | 3 | 4 | 5 |

起床 / 朝食 / 帰宅 / 夕食 / 就寝

インタビューした人
松田 恭子（プラッツ「遊々」の指導者）

インタビュー周辺情報
2004年5月14日、教室で、らくだのプリントをお母さんとともにやり終えてから（お母さんも生徒）、他の生徒が来るまでのほんの少しの合間のインタビュー。いつもよく話をしてくれるが、今日は特に雄弁。始終、「もっと聞いて」という雰囲気が漂っていた。

起きる

――起きたらすぐ何をするの？
つけてあるテレビを見ながら制服に着替える。
――その時、どんな気分？
早く学校へ行きたい！ 友達に会いたい！
――どうして？
だって、楽しいじゃない。いろんな話をするんだよ。
――どんな話をするの？
勉強のことやテレビのこと。あれ、かわいいねえとか…、(テレビの中の)あの人カッコイイねえとか…。
――おしゃべりが楽しいのねえ。
うん。
――ところでね、自分で起きるの？
お父さんが起こしにきてね、起きない時には、だっこして1階まで運んでくれる。
――その時どんな気分？
幸せ〜な気分。
――それから着替えをするのね。そのあと何をするの？
テレビ(アニメ)を見ながらご飯を食べて、学校へ行く。
――テレビを見ていると、ご飯が遅くならないの？
大丈夫。バスに乗らなきゃいけないから、遅れないように行くの。
――え〜っ、今まで保育園には、お母さんに送ってもらっていたよねえ。車じゃないの？
小1になったから、1人でバスで行くの。
――どうやってバス停まで行くの？ 歩いて？
うん。
――お友達と一緒じゃないの？
バス停で一緒になるよ。
――お友達もいっぱい乗ってくるの？
同級生が1人だけ。
――仲良し？
うん。
――バスの中で、どんな話をするの？

▼インタビューから見えてきたこと▼

・小学校に上がるまでは、3歳違いの弟と同じ保育園に通っていたから、出勤するお父さんか、お母さんの車で出掛けていたが、大学の附属小学校を本人の希望で受験し、入学してからは、いきなり1人で初めてのバス通学。5月に入ってからは乗ることにも慣れ、学校が楽しくてたまらない様子。

したいけど、ぎゅうぎゅう詰めで、話なんかできないのよ。
──お友達って何人くらいいるの？
(指を折って) **5人…、紙貸して…** (名前を書き始める)
8人以上…、待って、あ〜っ、20人以上。

着る

──学校へ行く時の制服、気に入っているの？
うん、セーラー服みたいで、かわいいから。
──お休みの日は普段着でしょ？ お休みの日に着るものを、どうやって決めているの？
お母さんと相談して決めている。
──自分で決めないの？
休みの日は家族で出掛けることが多いので、どこに行くかで着ていくものが違うから。
──ふ〜ん。お母さんと着たいものが違う時ってないの？
あんまりない。お母さんの言うことを聞いて、あとは自分で選ぶもん。
──好きな洋服ってどんなの？
大好きな色はねえ、白と水色とピンクでしょ。お気に入りはねえ、星やハートが付いている半袖のTシャツ。英語や数字が付いてるのも好き。
──下は？ スカート？
Gパンがかわいいって思うけど、動きにくいし暑いから、あんまりはかない。スカートか半ズボンが多い。
──じゃあね、学校から帰って制服を脱ぐでしょ。その時はどんな洋服に着替えるの？
帰ってからはあんまり外に遊びに行かないから、制服だけ脱いで、たいていシャツ（下着）でいる。
──なんで？
暑いでしょ。それに楽ちん。
──恥ずかしくないの？
たいてい家にいるもん。

・「紙貸して！」には驚いた。彼女の周りにいる子はほとんど友達だと思っているらしく、1人も書き漏らさないようにと、名前を言いながら、丹念にしかも素早く紙にフルネームを書き上げていた。顔はほころびっぱなし。

・休日、どこかに出掛ける時にお母さんがアドバイスしているが、どんな場合でも「基本的に動きやすいもの」を提案していて、あとは本人に任せている。着替え終わるまで、お母さんは辛抱強く待っているという。

・海や山、レジャーランド、デパートによって着るものを選び、彼女なりのオシャレを楽しんでいる。「かっわいい〜」「カッコイイ〜」と、彼女が思えるものを選んで着ているから、オシャレにはかなり関心がある。

遊ぶ

——最近、遊んでいて超楽しかったことはなあに？

今日ねえ、学校で「砂の学校」っていうのがあって、砂丘に行ったのよ。それでね、砂の山をつくって、大きさで1位、2位を決めたの。私たちは3位だったけどね、すっごく楽しかった。グループに分かれて、みんなで協力して一所懸命につくったのよ。今まで学校に行き出してから、一番楽しかった。

——みんなで遊ぶの大好きなんだ。友達とは他にいつ、どこで遊ぶの？

ほとんど学校の行間休憩（2時間目と3時間目の間）の時。図書室（3階）に仲良し3人と一緒に行って、本を読んだり、借りたりする。楽しい〜。「ゲゲゲの鬼太郎」や「ウンチ」の本が今は好き。

——あとは？

家に帰ってから、弟（3歳）と家の駐車場に行って、ダンゴ虫の見つけごっこをする。たくさん捕ったほうが勝ち。1匹が1点。たいてい私が勝つけどね。ベランダで、舟ごっこもする。キックボードに弟を乗せて、ぐらぐら揺らすの。それから、学校から帰ってからよくおばあちゃんちに行くから、そこでお父さんと散歩をしたり、アイスクリーム屋さんでアイスを買って食べたりする。あとは、マンガをよく読むかな…。お気に入りは「ちびまるこちゃん」と「あたしンち」。

——他には何をするの？

「こどもポルタコーナー」をする。

——それなあに？

パソコンの「お気に入り」に入れてあるのよ。

——それで何をするの？

ゲームをしたり、ダジャレを探したりするのよ。

——そういえば綾ちゃんはダジャレが前から好きだったよね。どんなのがあった？

「家庭科の先生は顔がかてい（固い）か」だったかな…。パソコンじゃないけど、他にもあるよ。「このパイン

・地域外にある大学の付属小学校に行っていることもあり、友達とは学校で遊ぶことが多い。

・「〜してもらった」「おばあちゃんちでねえ〜」という話がよく出る。両祖父母にとてもかわいがられていることが彼女の話からは伺える。それに、お父さんとよく言葉遊びならぬ、ダジャレを言い合うことも彼女の楽しみの1つ。

すっパイン」「プリンがたっプリン」「時計、そこでまっ時計」「ソーダはおいしソーダよ」…。
──限りなく出てくるねえ。それって何から？
マンガや絵本なんか…。
──パソコンは、いつ頃から触っているの？
う～ん、小さい時からだよ。年長さんの時かな。
──いつでも自由に触っていいことになっているの？
うん。お母さんは洋服とか見てるし、お父さんもなんか見てる。よく見るのは「お気に入り」に入れておけばいつでもすぐに見れるからねえ。
──やり方は誰に教わったの？
お父さん。
──お休みの日は何しているの？
家族で、あちこち出掛けることもあるけど、ユキちゃん（女児・小5、お父さんの従兄弟の子どもで同じ小学校）とよく遊ぶ。
──何をして遊ぶの？
ブレスレットやキーホルダーのアクセサリーをビーズでつくるの。
──ユキちゃんに教えてもらうの？
うん。毛糸でボンボンをつくったこともあるよ。
──きれいなものやかわいいものが好きなのねえ？
うん。おばあちゃんとよくジャスコに買い物に行くんだ。その時にねえ、かっわいいものや、きれいなものをチェックしておくの。
──おばあちゃんにおねだりするんだ？
うん。
──たとえばどんなものを買ってもらうの？
消しゴムやエンピツ、お手紙セット、シールやものさしを買ってもらうのよ。
──ふ～ん。おばあちゃんちには、どんな時に行くの？
学校の帰り。お母さんが仕事で忙しい時には、おばあちゃんがお迎えにきてくれるのよ。
──おばあちゃん、よく来てくれるの？
うん。おじいちゃんの車でね。

・教室の図書室からよく絵本を借りているが、お父さんやお母さんだけでなく、弟とも絵本を媒介にして親密な関係を築いている。絵を描くことも大好き。おもしろい言葉にすぐ反応する。全般的に言葉や色、物の形に敏感。

・パソコンが暮らしの中に自然に入っている。ゲームばかりしていて困るというようなことはなく、上手に家族でパソコンを使っている。

・ユキちゃんは姉が2人（高3、高1）いる末っ子。綾ちゃんを妹のように思っているし、綾ちゃんはお姉ちゃんのように慕っていることが伺える。

・子どもの面倒を見るということで、共働きの父母を祖父母たちが支えている。子どもたちは両親以外の身内の愛情を知り、我が家とはまた異なる体験をしている。

——そりゃあ、おじいちゃんもおばあちゃんも、綾ちゃんと一緒に過ごせるんだから嬉しいねえ。綾ちゃんも大好きでしょ、おばあちゃんとおじいちゃんのこと？
うん！

食べる

——晩ご飯は、何時頃に食べるの？
ねえお母さん、7時頃だよねえ？（母、うなずく）
——どこで？
電気が2つあるところ（ダイニングキッチン）。
——ふーん、なんで電気なの？
おいしいって感じがするのよ。イイカンジなの。
——へえ〜、オシャレだね。誰と食べるの？
コウちゃん（弟）と、お父さんと、お母さん。
——好きなものは？
お肉。ハンバーグ好き。お魚はシャケの焼いたの。お味噌汁に入っている貝（アサリ、ハマグリ）も好き。
——野菜は食べないの？
サラダ、おひたし、煮物とか結構好きだけど、ピーマンは嫌い。においと味がね…。
——あんまり好き嫌いがないのねえ。カンシン、カンシン。家族とどんな話をしながら食べるの？
学校の話。お母さんがね、担任の先生（35歳）を気に入っているのよ。カッコイイって。「冬のソナタ」に出てくる人に似ているんだってー。私とお母さんで盛り上がってる。

その他

——お手伝いはするの？
お母さんが料理をしている時に「何か手伝おうか？」と言うと、「ベンキョーして」って断られる。でもね、風呂掃除と、トイレ掃除をたまにしている。
——勉強って、らくだプリントや学校の宿題のこと？

・父母は共稼ぎで朝はとても忙しい。学校に行くバスに乗るためのバス停までは1人で行くが、帰りはお母さんがバス停まで迎えにきてくれている。お母さんの顔が見えるとホッと一安心、学校での緊張が解ける一瞬だ。

・家族でよく会話をしている。それも友達感覚で。お母さんと綾ちゃんが話をする中心で、時折そこへお父さんが参加し、弟のコウちゃんは我関せずとその世界を眺めているという、そんな平和な食卓の団欒が目に浮かぶ。ここで、互いにその日にあったこと、そのことで感じたことや思ったことを交換し合っているのが伝わってきた。

うん。
──やってから手伝うの？
そういう時もあるけど、やっぱ手伝う。
──お手伝い、楽しいの？
うん。
──勉強はいつするの？
夜、寝る前かな？
──ところで、トイレ掃除って難しくない？
おばあちゃんの家に行った時にね、おばあちゃんと一緒にするのよ。雑巾掛けもね～。それとね、おばあちゃんちでは、私は「お茶係」なの。冷蔵庫のお茶がなくなったら、冷たい水を入れてつくるのよ。
──お使いは？　代わりに行ってあげないの？
お使いはしないけど、おばあちゃんがお買い物に行く時に、「ゴマ、塩、ケチャップを忘れずに。ボケずに、おばあちゃん」って書いて、冷蔵庫に貼っておくの。そうすれば忘れないで買ってこれるでしょ。それにね　え、おばあちゃんのうちには「この家には蚊がたくさんいます。みなさん蚊にご用心してください」って書いて、物干しのところに洗濯バサミでぶら下げてあるの。それから、おばあちゃんがコウちゃんを保育園に迎えに行ってる時に、わたしがお母さんと出掛けなきゃいけなくなったら、「おばあちゃんへ　さようなら　じゃあね。がんばって　あやのより」って書いて、テーブルの上に置いておくの。そうしたら、出掛けたことがわかるでしょ。
──いい方法だね。綾ちゃんが考えたの？
う～ん、忘れた。
──綾ちゃんのおうちでは、お手伝いをしないの？
お箸を出したり、食器を並べたりするかな。
──他には？
お母さんの横で、お料理のお手伝いをするよ。
──どんなことをするの？
フライのパン粉つけでしょ、サラダの盛りつけでしょ…。あっ！　トマトやキュウリを洗う。

・お母さんは「自分のやるべきことをやってから、余った時間でお手伝いをしてね」と考えているが、お手伝いを優先する時も多々あり。

・おばあちゃんと一緒に作業をすることで、お互いコミュニケーションをとっている。親しい人と一緒にする作業、お母さんに頼まれてする作業、その中で暮らしに必要なことを作業の順序ややり方を含めて覚えていっている。

・「あれこれ頼んでも嫌がらないでやってくれるんです」とお母さん。大好きなお母さんから頼まれてするお手伝いは、「仕事を任されて嬉しい」っていう感じだ。

──ハンバーグを丸めたりしないの？
するする！　ギョウザもね。
──包丁は使わないの？
私用のをお母さんが買ってくれているけど、まだ危ないって…。
──包丁、使ってみたい？
うん。でも、私もまだ怖いから…。
──お料理する時に、エプロンはしないの？
しますよ。
──どんなの？
ピンク色にくまさんが付いているのと、ブルーのビニールのでしょ。それと、ハロッズのくまさんが付いているやつ。お母さんのエプロンを借りる時もあるよ。
──たくさん持っているね。どうやって選ぶの？
え〜っ！？　その時の気分、気分。
──おもしろいねえ。お料理以外は、どんなお手伝いをするの？
コウちゃんのパンツをはかせる。かわいいんだよ、コウちゃん。この間なんて、コウちゃんがウンチをもらしたのよ。それから、お母さんやお父さんが横になる低反発マット（健康マット）を敷いたり…。
──へえ〜、偉いね。毎日するって決めているお手伝いはないの？
ないよ。
──1つだけでも、決めてみたら？
う〜ん。考えとく。そういえばね、この間なんて、お父さんがお料理をつくっていたな…。
──へ〜え、お母さんが忙しいから？
そう。お母さんとお父さんが並んで、一緒につくっている時もあるよ。
──仲良しだねえ。
「お母さんが大変だから…」って、お父さん言ってた。
──そりゃあ、ますます、綾ちゃんのお手伝いが必要になるんじゃない。お母さん、助かるよ〜。
そうだねえ。

・ここでもオシャレな綾ちゃんが顔をのぞかせている。

・弟とよく遊んでいるし、面倒をよく見ている。弟のことを話す彼女は、本当にかわいくてたまらない様子。弟の世話をすることで、自分よりもいろいろなことができない人への対応を、知らず知らず学んでいる。

子どもの感想

――インタビューされてどうでしたか？
おもしろかった。もっと話したいから聞いて！
――なんで、おもしろいと思ったの？
だって、聞かれたらどんどん話ができるじゃない。聞かれてしゃべるのって、自分の話がいっぱいできるから楽しいし、今まで聞かれたことがないことを聞かれたから、おもしろかった。
――たとえば、どんなこと？
朝起きて一番初めに何をするのかなんて、初めて聞かれたし、「洋服を誰が選ぶの？」っていうのなんかも…。それに、かっわいい～弟と一緒に遊ぶ時に、「何して遊ぶの？」なんて、聞かれたことないよ。

親の感想

いやあ、聞いていておもしろかったです。普段から、ホント！ 寝る直前までおしゃべりしていて、しゃべらないでいる時があるんだろうかと思うほどなんですが、今日は特によく話しましたね。立て板に水とはこのことでしょうか。

しかし、よく覚えていますねえ。まるで場面場面が目の前に立ち現れているかのよう…。それにかわいいところもありましたねえ。お父さんにだっこされて階下に下りるなんて話している彼女は、照れていましたから…。

こうやって、1日の流れを聞かれて、話している彼女の話を聞いていると、「どうやって起きているのか」「洋服をどうやって選んでいるのか」「祖父母や夫、弟とどういうかかわり方をしているのか」「食事の時にどういう会話をしているのか」…、そんなことを改めて思い返しました。

うちは父と母には世話になりっぱなしなんです。子どもたち2人のお迎えや、私たち夫婦が勤めから帰ってくるまで預かってくれて、時には夕食もご馳走になったりするんです。惜しみなく、援助の手を差し伸べてくれている。掛け値なしに私たちの生活を支えてくれていると思うと、足を向けて寝られません。父や母がいなかったら、今の私たちの生活は成り立っていないんですから。

聞かれて自分のことを話すって、嬉しいものなんだとつくづく思いました。「なんでも話すわよ。なんでも言って」、そんなオーラがみなぎってましたねえ。それにしても、インタビューのまとめを読ませていただいて、彼女のことを本当によく捉えてくださっていると、感謝したい気持ちでいっぱいです。

インタビュアーの感想

教室対応をしていて、時折、会話に出てくる事柄が、インタビューをしてさらに克明になってきました。普段から、おばあちゃんの話、お父さんや弟のコウちゃんの話が頻繁に出てきていましたが、今までは、世間話程度に受け答えをしていただけで、彼女の生活背景を知ったつもりになっていました。

しかし、こうやって、日常にかかわりのある内容をピックアップして、その事柄からインタビューしていくと、もっともっと彼女の暮らしぶりやユニークさが現れてきて、それは楽しいインタビューになりました。

ダジャレというか、言葉遊びのようなものが大好きな綾ちゃん。よく、五味太郎の「ことわざ絵本」や、さくらももこの著作を教室から借りていましたが、パソコンまで駆使しておもしろい言葉を仕入れていたとは、驚いてしまいました。

それにしても、おばあちゃんの家では、「蚊にご用心」と洗濯ばさみにぶら下げてあるということを聞いて、そもそも綾ちゃんの身近にいる人たちがすでにユニークな人々で、その影響をもろに受けて、のびのびと育っている姿が浮き彫りになりました。

友達も学校も先生も大好き。もちろんお母さんも、お父さんも、コウちゃん、おばあちゃん、おじいちゃんも…。父母2人だけではなく、おじいちゃん、おばあちゃんの愛情もいっぱい受けて、幸せ感がここかしこに漂っています。

乳幼児の頃から保育園に通い、4歳になったばかりで、少林寺拳法とプラッツ「遊々」のお勉強を同時に始め、それに進学塾と絵が加わり、学校へ入学しました。家族とはまた別の人たちとの出会いがあり、彼女なりに「社会」というものを享受して生きてきた6歳の女の子。その情報量ときたら、私が考えていた以上に多く、インタビューしていて、幼いからといって侮れないとつくづく思いました。

これはきっと綾ちゃんだけではなく、すべての「小さな人たち」に言えることでしょう。そのことを腹に据えて、「人」としての対応を、今まで以上に心掛けたいと心底思いました。

らくだの目

このインタビューを読んで、一番印象に残ったのは、「お母さんが料理をしている時に『何か手伝おうか？』と言うと、『ベンキョーして』って断られる」という部分でした。「お手伝いはするの？」って聞かれてすぐにこの話が出てくるのは、こんなふうに言われたのが、多分、一度や二度ではないのではないかと勝手に想像しました。ここで、「こんなふうに言われてどう思った？」とか、「こんなとき、お母さんにどう言って欲しかった？」とか聞いてみると、この話はどんな展開になっていったのでしょう。もしかすると、子どもたちは、お母さんの手伝いをいつもしたいと思っているにもかかわらず、ちょっとタイミングがずれることで、せっかくの「自分から進んでやる手伝い」が「やらされる手伝い」になってしまっているのではないでしょうか。

子ども・くらし インタビュー

> お手伝いは、お兄ちゃんとかお姉ちゃんもしてるから、そのうち見ててしようって思ったの。

平川みのり（ひらかわ）さん
岡山県瀬戸内市 6歳（小1）

家族構成
父、母、祖父
兄（小5）、姉（小5）

住居環境
一戸建て

習字
ビーバースカウト
チャーチスクール
（フリースクール）

TIME TABLE

6 7 8 9 10 11 12 1 2 3 4 5 6 7 8 9 10 11 12 1 2 3 4 5

- 6 起床
- 7 朝食
- 4 帰宅
- 6 夕食
- 8 就寝

インタビューした人
西村敬憲（教会の牧師）
本人が毎日兄、姉とともに通学しているチャーチスクールの校長先生でもある。教会学校（日曜学校）でも附属幼児園の時からよく知っている。

インタビュー周辺情報
2004年6月5日、放課後に友達と遊んでいるところで話をした。教会のロビーで午後3時から20分間のインタビュー。

起きる

――何時に起きるの？

5時。

――早いね。どうして5時なの？

もっと遅い時もあるけど、早く起きておじいちゃんのお部屋に行きたい時には、おじいちゃんが、「5時」って書いた小さい紙を前の日の夜にくれるの。

――他の日は？

お母さんと6時に起きたりしてる。

――起きたら何をするの？

すぐ、おじいちゃんの部屋へ行って、布団に入ってお話をするの。

――おじいちゃんが「お話しにきていいよ」っていう時間が5時なんだ。どんなことお話するの？

いつもおじいちゃんに、昨日の野球はどうだったって聞く。

――おじいちゃんは野球が好きなんだ。

うん、巨人が好き。どっちが勝ったとか、ホームランを誰が打ったとか教えてくれる。

――他にもお話するの？

うん。ニュースのこととかもね。

――どんなニュースのお話を聞いた？

戦争とか、悪い事件とか、天気予報。

――おじいちゃんのお話をお布団で聞くのは楽しいんだね。

うん、楽しい。なんだかふわふわしてるみたい。

――お話を聞いたらどうするの？

それからブルーベリーのラムネを1つくれるの。

――好きなんだ。

うん。それをもらえるのがすごく楽しみ。あと、キティちゃんののど飴をくれる時もある。

――お母さんは？

一緒に起きる時もある。そうしたら、お父さんを起こしてきっていうの。

▼インタビューから見えてきたこと▼

・祖父と一緒にいる時間をとても楽しそうに話してくれた。おじいちゃんのところへ来てもいいよという時間を書いて渡しておくというところには、祖父の細やかな配慮が感じられる。ゆっくりと自立に寄り添っていくような雰囲気を感じるやり取りである。

――じゃあ、みのりちゃんはお父さんを起こす係なの？
時々ね。
――どういうふうに起こすの？
お母さんに頼まれたら、目覚まし時計を持っていって、耳のそばで鳴らすの。「耳をすませば」とか「トトロ」を鳴らすの。そうしたら、お父さんはびっくりして起きる。すごくおもしろいの。
――すぐにお父さんは起きるの？
なかなか起きない時もある。「眠いからもっと寝かせて」って言う。それで7時になると（会社に行く時間だから）すごく慌てて起きてくる。

・父親は技術系の仕事で不規則な勤務が続くこともあり、疲れて寝ていることを知っている。しかし起こすのが楽しみになっているのは、父親のリアクションが本人を楽しませているからだろう。両親が楽しませながら、協力して生活をすることを伝えようとしているのではないだろうか。

着る

――朝起きたらいつ着替えるの？
おじいちゃんに、「朝ご飯のあとに着替えなさい」って言われるから、2階に上がって着替える。
――何時頃？
わからない。（7時頃らしい）
――用意がしてあるの？
夜のうちに決めて置いておくの。
――寝る前に？
お風呂に入って着替えてからかな。
――お母さんがしておいてくれるの？
ううん、自分で決めてる。
――全部？
うん、シャツやスカートとか、ズボンとか。でも眠かったらしないで、起きてから決める。
――自分で準備するんだ。
タンスから自分で決めたのを出しておくの。
――どうやって決めるの？
おじいちゃんが夜のニュースで、明日の天気予報を見て、教えてくれる。暑かったら半袖を着るし、寒かったら長袖にする。自分で決める。

──好きな色とかあるの？
別にない。
──じゃあ、暑いか寒いかで決めてるの？
そう。暑くなりそうだったらノースリーブを着る。
──服を買う時はお母さんと一緒に行くの？
そう。お母さんと一緒に行く。
──お母さんが決めてくれるの？
そういう時もある。こっちのほうがいいんじゃないって。
──もし、違うのがいいと思ったらどうするの？
自分で決めたほうにする。
──じゃあ、持っている服は、みんなみのりちゃんの好きな服なんだね。
うん。みんなそう。

遊ぶ

──学校から帰ったら何をするの？
宿題をして、そのあと遊ぶ。
──いつも宿題をするの？
うん。学校で帰る前にする時もあるけど。
──どのくらいで終わるの？
わからない。
──やっていて楽しい宿題はある？
うん、ハマス（マスの大きさ）でひらがなをなぞったりするのが楽しい。
──宿題が終わったあとは、何して遊ぶの？
自転車のコマなし（補助輪なし）に乗って、家の周りを3周する。
──1人で？
うん。1人で乗る。自転車は楽しい。
──自分の自転車？
うん、お姉ちゃん（5年生）から小さいのをもらった。でも水色の自転車が欲しいな。
──自転車のあとは何するの？
歩いて友達の家を回る。

・着ていく洋服の選び方が、気分というよりは天気予報で決めているというところは驚いた。色よりも気温に合うかのほうを大切にしているようで、何度か確認したが、同じだった。祖父はこれを着なさいとは言わず、予報を伝えるだけであるが、おそらく天気に合う服装の大切さを伝えているのだろう。母親が決めることはないようで、自分で決めるのをゆっくりと見守る祖父や両親のかかわり方が見えてくるように思った。

――お友達がたくさんいるの。
うん、3つ (軒) くらい。
――遠いの？
ううん、みんな近所。ここからこうやって歩くとここへ来て (地図を描きながら)、ピンポン (呼び鈴) する。
――一緒に遊ぶの？
そう、誰かんちで遊んだりする。
――何するの？
一緒に歩いたり、家の中に入って人形で遊んだりする。でも、この頃出てきてくれない。
――どうして？
(学区域の小学校へ行っていないので) 別のお友達のところへ行っているから。
――そうなんだ。寂しい？
ううん、本を読んだりしてるから。
――どんな本が好きなの？
「グリとグラ」が好き。
――夕方まで遊んだあとは、何するの？
犬と遊ぶ。
――犬の散歩に行くの？
お兄ちゃんと一緒にスミレ (犬) の散歩に行く。でもね、スミレが私を引っ張ってぶつかって倒れちゃったことがあるの。
――痛かったんじゃない？ 泣いちゃった？
うん、泣いた。スミレは引っ掻くし、痛かった。
――何歳の時？
4歳。
――誰かが助けにきてくれたの？
うん、お母さんが泣いている声を聞いて助けてくれた。ここに (傷跡が) ちょっと残ってる。
――怖かった？
怖かったけど、お兄ちゃんと一緒だったから大丈夫。
――家では何して遊ぶの？
お姉ちゃんと「シルバニア・ファミリー」(動物の小さな人形シリーズ) で遊ぶ。

・1人でいたり、友達でいたり、自分の過ごし方をもっているように感じる。

――仲良しなんだね。

うん。でもお兄ちゃんと喧嘩することもある。

――喧嘩するとどうなるの？

喧嘩している時はシルバニアに入れてあげない。そうしたら、お兄ちゃん（5年生で姉とは2卵性双生児）も「ごめんなさい」って言う。喧嘩とか暴力はイヤ。

――他にもお兄ちゃん、お姉ちゃんと遊ぶの？

みんなのキーボードがあって、それで音を鳴らして一緒に歌う時もある。

――何を歌うの？

99個ボタンが付いていて、押すといろんな曲が出てくる。「世界にひとつだけの花」とか「ふるさと」とか歌ったかな。

・兄、姉とは一方的な喧嘩にならないでいられるようだ。兄、姉のほうも「人形遊びに入れてあげない」と言われてもそれに付き合う余裕があるのだろう。

・遊んでいる時間については、おとなのかかわりは話題にのぼらず、自分でしたいことができる時間として保証されている、安心感をもっている、と感じた。

食べる

――夕ご飯はみんなで食べるの？

うん、お父さんが帰ってこれる時はみんな一緒に食べるよ。

――たくさんお話をするの？

いっぱい、お話をする。おじいちゃんのニュースの話。おじいちゃんから今日あったニュースのこととか、たくさん聞く。それからいろんなお話をする。

――どんなニュースのお話を聞いた？

アメリカとイラクの戦争のこととか、駅で鉄砲持った人がいた話とか、体が元気になれる話とか。

――体のことも？

うん、食べていいものとか、いけないものとかも教えてくれる。あと、天気予報も話してくれる。

――お母さんとはどんなお話するの？

いっぱいするよ。学校のこととか。

――お母さんはお話してくれるの？

うん、体が元気になるには何を食べたらいいかとか、話してくれる。

――お話しながら、ゆっくりご飯食べるんだね。

・夕食は家族で一緒にすることを大切にしている。夕食での家族の会話が子どもたちの楽しみになっているようだ。話題も学校のことばかりでなく、ニュースの説明を祖父から聞いているようで、食卓の話題に幅があるようだ。

・両親はどちらかというと聞き役でいるようだ。それで、祖父がゆっくりと話をできるようになっているのだろう。

うん。でもお母さんに早く食べなさいって言われる時もある。
――全部食べるの？
時々残す。納豆の時は残す。

その他

――お手伝いはするの？
するよ。お食事の準備の時とか。
――どんなことするの？
お箸を配ったり、お皿を運んだり、自分のとかは全部運ぶ。
――お母さんから言われるの？
時々運びなさいって言われるけどね。
――言われたらどんな気持ちするの？
ちょっとやだなあって、面倒くさいなって思う。
――自分からやることもあるんでしょ？
お母さんがお皿並べている時に、黙ってお箸をきれいにみのりが並べておいて、お母さんをびっくりさせる時もある。
――ほめてくれるの？
きれいにできたねって、言ってくれる。それから本を読んでもらえる。
――スミレ（犬）の世話はするの？
エサをやる日が決まってる。
――当番になってるんだ。
そう。私は月曜日と火曜日と金曜日。あとは家族がすることになってる。
――よくお手伝いするんだね。
うん。
――いつからお手伝いするようになったの？
お兄ちゃんとかお姉ちゃんもしてるから、そのうち見ててしようって思ったの。
――テレビはよく見るの？
3チャンネル（NHK教育テレビ）をよく見てる。

・母親は子どもができそうな手伝いをこまめに話し合いながら提案しているようだ。

・犬のエサをやる当番が決まっていて、本人は嫌がることもなく、やっている。自分の弁当箱も自分で洗うように決めて、実行しているという。兄と姉も、手伝いをよくしているようで、お弁当や朝食の準備を母親と一緒にしている。楽しそうにやっているようだし、兄は、作文でも家族への感謝を表したりと、家族を大切にしていることがわかる。そういう中で、本人も当たり前のこととして手伝いをしているようである。

——どんなもの見るの？
「おかあさんといっしょ」。夕方は見てる。
——どんなところが好きなの？
変身があるところがおもしろい。
——他に見てるものはある？
日曜日は「新選組！」。
——どんなところがおもしろいの？
戦うところがおもしろい。
——怖くないの？
ドキドキする。前は血が出たよ。
——びっくりした？
おじいちゃんに、本当の血なのって聞いたら、ウソの血だって言ってた。ケチャップみたいなのだって。
——テレビ見てて宿題ができなくなることはない？
ない。宿題してから見るって、お母さんと約束してるから。
——テレビの他にしてることはある？
本を読むのが好き。
——どんな本を読んでいるの？
「ブレーメンの音楽隊」とか、「ヘンゼルとグレーテル」とか、「カチカチ山」を読んでる。
——どこか好きなところがある？
カチカチ山が好き。おじいさんをいじめたタヌキが大根を取ったところがおもしろかった。
——1人で読むの？
うん、1人で読んでる。
——お母さんに読んでもらうんじゃないんだ。
うん、字がいっぱいあっても、漢字があっても読んでる。
——どこで読んでるの？
お台所の近く。お母さんがお台所をしている時に、そばで読んでるの。
——お手伝いもするの？
うん、お手伝いしてって言われた時にすぐにできるようにそばにいるの。でも、じっとしてるのはつまんないから本を読むようになった。

子どもの感想

――お話をしてくれたけどどんな感じだった？
楽しかった。
――どんなことが？
自分のこといっぱい話せたのが、楽しかった。
――お話をするのは好きなの？
うん、大好き。

――よく、みのりちゃんのお話を聞いてくれるんだ？
うん、おじいちゃんもお母さんもそうだし、お父さんも聞いてくれる。
――じゃあ、今日のお話も楽しかったんだね。
お話がいっぱいできた。おもしろかった。

親の感想

みのりの場合は、幼児園の時から自分のことが自分でできるように教えられていたので、手をかけ過ぎないように注意してきました。小学生になってからも本人だけでなく、兄や姉にも同じように管理も任せています。

でもルーズになったりすることもありますから、そういう時は決めたことを確認をしながら対応しています。ですから、かなり言わない努力をしていると思います。

家族がみんな寝坊してしまった時に、1階の義父に起こされたことがあったのですが、これではいけないと、遅刻してもいいから自分の責任で起きることの大切さを感じさせるために、起こさないことをお願いしたことがあります。

主人も起こさないようにしていますが、時々みのりが起こしてもいいかと聞きにくるので、その時のことが目覚まし時計を持っていく時のことなのだと思います。

インタビューを読んでいて、細かく具体的に話せていることに驚きました。また、おじいちゃんとの時間を想像していた以上にとても楽しみにしていることがわかりました。

テレビのことでは、思ったよりはよく見ているなあと思いました。「おかあさんといっしょ」も、もう卒業したと思っていたので、まだ楽しそうに見ていることも少し意外でした。本を読む場所は、確かに私が夕食の支度をする時の隣が多いです。そこだと、1人でも安心していられるのでしょうか。

本人も言っているように、手伝いはよくします。野菜を切ったり、鍋を混ぜたり、自分からもしたいことを言うようになってきました。兄や姉の時もそうですが、私は子どもが手伝いをすることを大切にしています。それは、自分のことができるようになることだけでなく、思いやりをもって欲しいからかもしれません。

インタビューを読みながら、自分は自分というところばかりでなく、人に接する優しさというか、自然に人に寄り添えるようなところが、変わらずに成長してるかなって感じています。

インタビュアーの感想

みのりさんは、教会附属サムエル幼児園にいた時からよく見ていましたが、あいさつ以上に話すことはありませんでした。どちらかというと、誰にでもなんでも話すというタイプではないので、私もそれほど積極的に話すことはなかったと思います。

しかし、卒園してすぐに同じ敷地内にあるチャーチスクールに1年生として入ってきてからは、毎日朝から一緒に生活をするようになり、私も礼拝、算数、生活、聖書などのクラスを受け持つようになりました。

そこで話してみると、よく自分のことを話せるのですが、思いついてすぐに話すというより、言葉を探して考えることが多いような印象でした。

今回、「起きてから何をするの？」という問いからインタビューを始めてみると、自分の生活の状況を一所懸命伝えようとして、じっと考え込んでは話すということを繰り返していました。

起きる時のおじいさんとのやり取り、また着ていく服の決め方など、細かく状況を伝えようとする言葉の背後に、みのりさんが自分で決められるものをもっている安心感のようなものを感じました。

一緒に学校に来る兄と姉も、家でお弁当の準備を毎朝当番を決めて手伝っていることを楽しそうに話してくれます。自分のすることに同じような充実感をもっていることが伝わってきます。

お母さんがすぐに指示しないように、言わない努力をしていることを話してくださいましたが、みのりさんが自分のことを安心して決めるために、家族がそのことを大切にし合える関係を互いにもっているのだと思いました。

らくだの目

インタビューをした西村敬憲さんは、みのりさんのことを幼稚園の時からよく知っていたので、「誰にでもなんでも話すタイプではないから、積極的に話すことはしなかった」と書いていますが、今回ちょっとインタビューをしてみただけで、みのりさんに対する印象が随分変わられたように感じられました。外から見ているだけでは決して見えないことが、インタビューをしてみると見えてくる体験を、私も何度もしてきました。そればかりか、授業中には「この子はこんな子であるに違いない」と思っていることが、インタビューしてみると全然違う子であったことに気が付かされたりします。それも、誰がインタビューをして、何を聞くかによって、また違うその子が出てきたりするのです。先生方にインタビューゲームを体験してもらうことによって、先生が普段見ているのは、先生が見たいように見ているその子であって、その子の一面でしかないと思ってもらえれば、どの子にとっても可能性はもっともっと開かれていくような気がするのです。そんなこともあって、いろいろな学校で、おとなと子どもの組み合せでのインタビューゲームを体験してもらうようにしています。小4以上であれば、誰でも簡単にできるゲームです。

（インタビューゲームについてはp172を参照）

子ども・くらし インタビュー

テレビ見るのは、夕方の5時から6時10分までって決まっている。

家族構成
父、母、妹(3歳)

住居環境
マンション

和気 拓真くん
東京都 6歳 (小1)

サッカー
シュタイナー土曜教室
すくーるらくだ
(学習塾)

バイオリン
ラボ
学校に行かず自宅学習

TIME TABLE

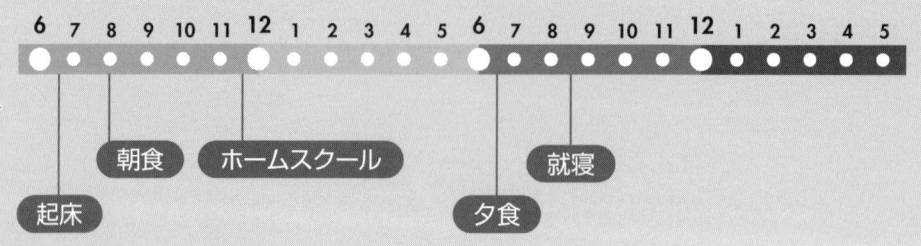

6 7 8 9 10 11 12 1 2 3 4 5 6 7 8 9 10 11 12 1 2 3 4 5

- 起床
- 朝食
- ホームスクール
- 夕食
- 就寝

インタビューした人
平井雷太(セルフラーニング研究所所長・すくーるらくだ主宰)
拓真くんが週1回通っている教室の指導者。らくだ教材で、算数と国語を学習中。

インタビュー周辺情報
2004年7月下旬、夏休み前の1日。教室のない日に、教室に来てもらって、約40分のインタビューを行った。インタビューをしている間、お母さんと妹さんは散歩に出掛けた。

起きる

──いつも朝、起きる時間が決まっている？
決まってるかな、わかんない。
──早い時って、何時くらいに起きるの？
5時か6時かな。
──遅い時は？
7時くらい。
──お母さんやお父さんに起こされて起きることもある？
それはない。いつも自分で起きる。ちょっと布団にいる時もあるけど、だいたいすぐ起きる。
──起きたら、まず何をするの？
まず、ママたちがいるところに行く。
──部屋が別なんだ。1人で寝てるの？
うん、子ども部屋で1人で。
──いつから1人なの？
小学生になってから。
──小学生になったら1人で寝ることにしたんだ？
ママがそうしたの。
──拓真君はその時どうだった？
あんまり慣れていなかったけど、土日はパパが一緒に寝てたから平気だった。
──目が覚めたあと、お母さんのところに行ってどうするの？
一緒にまたちょっと寝ちゃうけど、この頃は7時になるとカーテンを開けて起こしちゃう。「早く起きてよ」って言う。早く起きて欲しいから。
──なんで早く起きてほしいの？
ご飯食べたいから。
──そうしたら、お父さんとお母さんはすぐに起きるの？
たまに起きてくれない時もある。そういう時は起こすのあきらめて、遊んでいるかな。
──何して？
ミニカーとか、ブロックとか…。テレビは朝は見ない。

▼ インタビューから見えてきたこと ▼

・目が覚めたら自分で起きるのが普通で、お母さんに起こされたことなんてないという感じだった。またお母さん、お父さんを起こすのが楽しい感じが伝わってきた。

見るのは、夕方の5時から6時10分までって決まってる。今日は7時から7時半までは「ドラえもん」を見るけどね。でも、ママがいない時は、ちょっと次のも見ちゃうこともあるけどね。
　——番組は1日1つだけなの？
　決まっているわけじゃないけど、特別に見たいのがあると見ちゃう。今日はサッカーがあるから、他のは見れないの。「ドラえもん」は、サッカーから帰って、ご飯食べて見れるから。

着る

　——着るものはどうしてる？　お母さんに「これ着なさい」って言われるの？
　ズボンは決められる時もあるけど、Tシャツは自分で決めていいって。
　——どうして？
　頭から汗いっぱいかいて、Tシャツは毎日替えるから。ズボンは同じの何回かはくから、「これはきなさい」って言われる。
　——Tシャツは何枚くらい持っている？
　20枚くらいかな。気に入ったのもあるけど、気に入っていないのもある。今着ているのはお気に入りのTシャツ。
　——なんのTシャツ？
　簡単に言ったら野球かな。
　——Tシャツを買う時は、お母さんと一緒に買いに行くの？
　ママだけで買う時もあるけど、あともらう時もあるよ。いろいろ。

遊ぶ

　——普段、一番よくする遊びって何？
　ブロックかな。この間もらった「ポリドロン」っていうの。ブロックみたいで端をはめていって、サッカーボー

・小学校に上がる年齢になったら、1人で寝ることやテレビの時間に決まりがあるものの、特別にテレビを見たい時に柔軟に対応されている様子を聞いていると、決まりごとがかなりはっきりしていても、子どもたちにとっては、結構居心地のいいご家庭なのではないかと思った。

・着るものに関してはあまりこだわっていないようだ。でも、自分の着るものは原則的に自分で決めていて、お母さんが決めていることは、同じものを続けて着るかどうかだけのようだった。

ルみたいなのをつくる。3角とか4角とか5角形とか6角形とか。
──日本のおもちゃなの？
イギリス製。
──どんなものをつくる？
5角形でつくったサッカーボール。
──どれくらい時間かけてつくるの？
5分くらいかな。3分でできるかも。
──ポリドロン以外にはどんなことやるの？
ぬいぐるみとか。
──お友達と一緒に遊ぶこともある？
たまに幼稚園の時のお友達と、公園に行ったり自転車に乗ったり。
──自転車にはよく乗るの？ 毎日？
毎日じゃない。週1回くらい。
──自転車はいつから乗れるようになった？
補助つきで3歳くらい。4歳かも。
──その頃から、自転車に乗って1人でどこか行っていた？
その頃はまだ1人じゃない。補助なしで乗れるようになったのは5歳かなあ。
──自転車でどこに行くの？
サッカーのクラブに行く時に、自転車で行く。帰りはママがお迎えにきてくれるけど、行く時は1人で行く。
──サッカーに行く場所は近いの？
近い。自転車で2、3分くらい。
──もっと遠い所も行く？
家から一番近い駅まで。10分ぐらいかな、5分ぐらいかも。
──自転車に1人で乗るの怖いと思わない？
怖くないよ。最初サッカーのクラブに入ったばっかりの時はママと一緒に行って、何回か行ったら1人で行くようになった。
──自転車に乗る時に、一番気を付けてることは？
バランスとか、道を渡るから気を付けないと…。

・「一番よくする遊びって何？」と聞いて、スッと出てきたのはまずは「ブロック」で、次が「ぬいぐるみ」だった。「自転車に乗る」なんていうのは、遊びには入っていないようだったが、徐々に自転車に乗れるようになっていく様子を楽しそうに話していた。

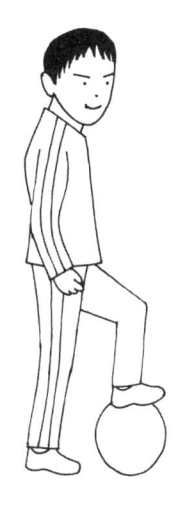

――自転車に乗って転んだことある？
ある。バランスくずしたり、ぶつかって転んだこともある。
――今まで何回もケガしてる？
そんなにケガしてない。ヘルメット被ってるから。パパが、ヘルメット被らないと乗っちゃダメって言うから。
――それ、どう思う？
いいと思う。ヘルメット暑いけど、いいと思う。乗る時に、下手して頭打っちゃったことあるけれど、ヘルメットがあったから大丈夫だった。
――自転車に乗るのは楽しい？
楽しい。
――どこか遠くで行きたい所ある？
ないかな。
――あんまり冒険はしたくない？
冒険はしたくない。実験はしたいけど。いろんな実験したい。
――何の実験？
その時考えるの。図鑑で調べたりして、本当にそうなるかなって。
――毎日楽しい？ 何が楽しい？
ブロックとかポリドロンとか。将棋もたまにやる。
――将棋もやるの？ 誰とやるの？
ママと。ママ、将棋強いんだ。学校で休憩時間に、男の子に入れてもらってやってたんだって。
――じゃあ、お母さんに将棋を教えてもらったんだ？
うん。並べ方も。
――将棋は何歳くらいからやってるの？
ついこの間、始めたばかり。

・自転車に乗る時、ヘルメットを必ず被る話から、そうするように言ったお父さんをかなり信頼している様子が伝わってきた。

・これから将棋ではお母さんをライバルにするのかな、そんな予感がした。

食べる

――朝ご飯は何？
パンとヨーグルト。パンの代わりにコーンフレークの

時もある。
――何時に食べるの？
8時くらいかな。
――お父さんも一緒に食べるの？
一緒に食べてから、行く時もあるけれど、早く行く時は食べないで行ったり、バナナ1本食べて行く時もある。
――夕飯は何時頃食べる？
テレビが終わってからだから、6時半頃かな。
――夕ご飯食べる時はお父さんも一緒？
ううん、平日は3人。
――食べたくなるものってどういうもの？
パスタとかパンとか。ご飯も好きだけど。
――嫌いなものないの？
少しある。もうなくなったかな？ ピーマン好きじゃなかったのが、好きになったの。
――どうして好きになったの？
嫌いだったけど、もう1回食べてみたらおいしかった。
――お母さんに言われて食べたの？
自分から。
――嫌いなもの、なんで食べてみようと思ったの？
おいしいかなって思って。
――ご飯を食べる時はテレビは見ないの？
見ながら食べちゃダメって。
――決まってるんだ。家で決まってること、いっぱいある？
ご飯中に立っちゃダメって。あと、遊びながら食べちゃダメって。
――残しちゃダメって言われない？
急いでる時は残しちゃうけど、こんな残し方ダメって言われる。ちょっとだけど、食べたもの残してるから。でも、この頃は残さなくなった。
――食事中に一番話すのは誰？
やっぱり自分かな。あと妹とか。いろんなこと、1日のこととか話す。

・食事をしながらでも、嫌いなものをなくそうとしたり食べ残しもないようにしたりとか、それもお母さんに言われずに、自分からできないことをできるように、チャレンジしている姿をすごいと思った。

・食事中に一番話をしているのは自分だとはっきり言い切っていた。自覚があるようだ。

その他

――拓真君は今、学校に行っていないよね？ そしたら、朝起きてから、何をやるか決まっているの？
勉強を始める時間は決まってて、まあ、9時半から。
――何時までやるの？
午前中で終りにする時は11時くらい。
――その時どんなことやるの？
「らくだ」は9時半からやる。そのあと、普段はテーマ学習。
――テーマ学習って今までどんなのやった？
実験。卵とか。卵が塩入れたら浮くかとか。あとは、モールを割り箸に吊るして、塩水に漬けておいたら塩の結晶ができる。10日間でできるって書いてあったけど、10日間漬けてもできなかったから、外さないでそのままにしていたら、結晶が付いた。
――何日くらいで付いたの？
20日くらいかな。ちゃんと付くまでに、1カ月くらいかかったかな。
――じゃあ、全然違っちゃったんだ。そういうのどう思った？
本は合ってると思うけど、うちでやったのは遅かった。でも、結晶が付いたからよかった。
――どんな実験をするのかはお母さんが決めるの？
僕が決めてる。図書館に行って、自分で本からやりたい実験を決めている。
――拓真君は学校に行かないのは自分で決めたの？
ううん、ママが決めたの。なんか理由はあったけど、その理由は忘れちゃった。
――拓真君は行かなくて平気だった？
ちょっと行ったほうがいいなと思う時もある。だけど、うちでやるのも楽しい。
――午後も勉強やるの？
妹の幼稚園が午後まである時は、1時までやってる。
――ママの先生は優しい？
うん。

・学校に行っていなくても、家で勉強をする時間を決めたり、何を実験するのかを自分で本から選んで決めているのは、すごいと思った。

・学校に行かないことをどう思っているかの質問に、「ちょっと行ったほうがいいなと思う時もある。だけど、うちでやるのも楽しい」というのも、拓真君の今の正直な気持ちなのだろうと思った。

──家のお手伝いとかよくするの？
ちっちゃい頃、よくやってた。
──今でもちっちゃいじゃん。
今より小さい頃。
──どんなこと手伝った？
料理。ホットケーキは今でもやってるかな。
──つくれるの？　だって難しいでしょ？
難しくない。
──その時、どれくらいの牛乳入れるか計れるの？　いつ頃からわかるようになったの？
この頃かな。
──へえー。包丁も使えるの？
うん。
──包丁で何するの？
野菜とか、キーウィの皮とか。皮をむけるのはキーウィだけ。あとニンジンを切る。ニンジンの皮はむかない。でも野菜、この頃切らない。
──お皿を洗うとかする？
しないかな。
──食卓にお皿を並べるのは？
お箸とかするけど…、お皿も並べるかな。
──家で他に手伝うことは？
お片付けはいっぱいやるよ。おもちゃとか。
──それは自分のことだよね。他に家のことでは？
掃除機もたまにやるよ。この頃やらなくなったけど。
──今、決まって家でこれをやるってことは？
自分のことは自分でやるっていうのかな。「らくだ」を片付けるのは1人でやる。自分でファイルに入れて決まったところに置く。
──他には？　お風呂は？
妹と入る。1人で入ることもあるけど。お母さんとじゃない。1人で全部できる。妹を洗ってあげたりもする。
──できちゃうんだ？　自分1人で入れるようになったのはいつから？
5歳くらいかな。

・お手伝いはやらされている感じが全然なくて、できるところから、できることをやっている感じがした。

子どもの感想

――インタビューされてどう？
聞かれて答えるのはいいと思う。

――なぜ？
人に自分のことを教えられるから。自分のことを知ってもらうのはいいかも。

親の感想

インタビューを読んで、夫は「子どもは、自分なりにちゃんと考えているんだな。親の側で決めたことも、（押し付けられたという感じでなく）自分のものとして消化しているようだ」と言っていましたが、私も同感です。

「生活」に関しては、つい親の側から「ああしなさい、こうしてはダメ」という一方的なコミュニケーションになりがちで、その結果（＝子どもがどう行動したか）には注目するけれど、子どもが心の中でどう受け止めているかをあまり考えたことはありませんでした。今回インタビューのお陰で、子どもの普段の生活を、子ども自身がどう捉えているかが初めて見えたように思います。

今まで拓真に伝えてきたこと、させてきたことを、拓真自身がすぐに納得して受け入れた時もあれば、時間をかけて順応していった時もあったのだな、とその心の過程を知ることができました。そして、最終的には、「自分のもの」として決まりごとを守ろうとしている姿勢に、親として感じ入りました。

特に、学校に行かないことと、１人部屋で寝ることに関しては、親としても大きな決断だったので、拓真の正直な気持ちが聞けて、本当によかったと思います。テレビの時間や自転車に乗る時のルールについては、ごく自然に受け止められていることがわかり、初めからきちんとルールをつくって正解だったなと思いました。

同時に、今後の課題も見えてきました。幼稚園時代までは、親に言われたことを絶対と信じて従ってきた拓真も、近頃は、色々な場面で「それはママが勝手に決めたんでしょ。僕はそうしたくなかったのに」と反駁することも出てきました。そうなると、つい逆上して親の権威を振りかざして「言うことをきかせ」たくなってしまうのですが、それではもう通用しない、ということなのですね。

もっと子どもと向き合って、子どもの気持ちや考えをまず聞いて、本人が納得するかたちで決めていかなければいけない年代に入ってきているのだな、と思いました。我が家の教育の最終目標は、「自分で考え、自分で行動できる人」なので、その意味でも、子どもが「自分で考えて決める」機会をもっと増やしていかなければいけないな、と思います。

他に反省点と言えば、「パパとママは起こしてもすぐに起きてくれない」の段。子どもにあれこれ言う前に、自分自身の生活も改善の余地あり、です。それから、「お手伝い」も耳が痛いです。

インタビュアーの感想

　私の場合、今までも仕事の中で、何度もいろいろな方にインタビューをしてきているのですが、何を聞いたらいいのか困ってしまったのが、小さい子どもとボケ気味のお年よりと知的な障害をもっている方へのインタビューでした。

　その中でも特に困ったのが、子どもへのインタビューで、子どもの場合、何気ない質問であっても、それが相手を否定したり、追い込んだり、傷つけたりすることがあるからです。ですから、不登校の子どもにインタビューする場合、特に気を付けて、絶対に私からは「聞かない」と決めていたのが、「学校に行かなくなった理由」でした。

　そんな私が、子どもにインタビューをする段になって、フッと浮んだのが、小学校1年生の和気拓真くんでした。年長のときから私の教室に通い始め、小1の最初から現行の学校には行っていません。学校には「行けない」のではなく、「行かない」のです。本人の決心というより、親御さんの影響が結構強いように私には感じられて、そのあたりのことを話してくれたらいいなと思って、彼にインタビューをさせていただいたのですが、その話題を聞いていいものかどうか、ものすごく緊張しました。

　でも、インタビューをしようと思った矢先、いつも拓真くんの妹と教室に一緒に来ている（自宅から電車で片道1時間かかる）お母さんが、「いない方がいいと思いますので、ちょっと出てきます」と言って、妹さんと一緒に外に出ていかれたのです。これを、私はお母さんからの「普段、親が聞けないことを聞いておいてください」というメッセージと受け取りました。

　さてインタビューの段になっても、なかなかすぐには、「学校に行かないことは自分で決めたの？」なんて、聞けません。そこで、「拓真君は今、学校に行っていないよね？　そしたら、朝起きてから、何をやるか決まっているの？」なんて、核心から遠い質問から入っていきながら、ほぼ聞きたいことは聞けたと思うのですが、本当に「子どもに聞くのは難しい」を改めて、実感するインタビューとなりました。

らくだの目

　私の教室に通っている生徒は今まで3000人以上いて、そのうち不登校の子は300人ほどいたと思うのですが、小学校に入る段階で、最初から「学校に行かない」を選択したのは、和気さんのお宅が初めてだったと思います。そんな決断が、6歳でできるのはすごいなと思い、そのあたりを聞いてみると、「ママが決めたの。ちょっと学校に行ったほうがいいなと思う時もあるけど、うちでやるのも楽しい」と、自分の気持ちがスッと表現できるのはいいなと思いました。「学校に行くか、行かないか」の判断を子どもに任せず、お母さんが決めて、責任は親にあるようにしておいて、それを子どもが受け入れたのですから、強制にもならないわけで、理想的な展開と思いました。入学の時に、「親の考えに従うか、拒否するか」の選択が問われることが、ものすごく大事なことなのではないかと考えさせられたインタビューになりました。

子ども・くらし インタビュー

> 学校の帰りに
> お友達と約束しても、
> だいたい
> 「あとで電話するから」
> って言うの。

鈴木 奈那子さん
栃木県那須郡 6歳（小1）

家族構成
父、母、姉（小3）
祖父、祖母

住居環境
一戸建て

音楽教室
英語教室

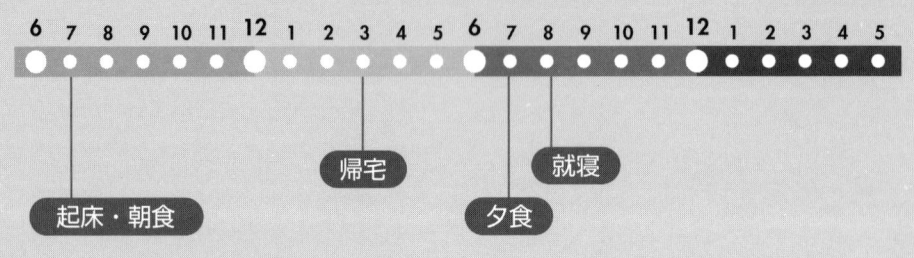

TIME TABLE

6 7 8 9 10 11 12 1 2 3 4 5 6 7 8 9 10 11 12 1 2 3 4 5

- 起床・朝食
- 帰宅
- 夕食
- 就寝

インタビューした人
小田戸史子（母の友人）
母とは、高校時代の同級生。子どもが同じ音楽教室に通うため、本人とも多少面識があり、話したこともある。

インタビュー周辺情報
2004年6月6日、英語教室の始まる時間の前に、近くのスーパーの屋外ベンチで、午後2時から2時30分まで、30分間インタビュー。以前にも2人きりで話したこともあり、緊張感などは感じられなかった。

起きる

——奈那ちゃんは、朝、お母さんに起こされて起きるの？ それとも、目覚まし時計で起きるの？
自分で、ただ起きる。
——えっ、ただ起きる？
うん。目覚まし時計は2個持っているけど、自分ではかけられないから…。教えてもらってないし、ママに頼まなきゃならないから、目覚まし時計なしで起きる。
——だから、"ただ起きる"？
"ただ"ね、だいたいそう。でも、遅れないんだよ〜。
——遅れたことがないの？ 学校に？
うん。1回もない。ママに、起こされないの！
——奈那ちゃんは、お母さんに起こされないんだ？
うん。たまに、「起きなさ〜い」って言われるけど、だいたい自分で起きるから…。
——奈那ちゃんは、何時に起きるの？
わかんない。
——わからない？
うん。ママは、6時くらいなんだけど…。まだ、奈那は、あんまり時計が読めないんだよ。
——読めないのか〜。お母さんが6時に起きるって、どうして知っているの？
3時とか6時は、読めるんだけど…。
——お母さんは、奈那ちゃんより先に起きているの？
うん、先。
——お母さんは、奈那ちゃんが起きた時、何をしてるの？
ご飯、つくってるの！
——じゃあ、奈那ちゃんは、朝起きて一番最初に何をするの？
んー…。なんか、忘れちゃうんだよ。いつも違うから…。
——いつも違うって？
お休みの日とか、学校に行く日とか…。
——そうか！ 学校に行く日は、どうするの？

▼ インタビューから 見えてきたこと ▼

・母にも目覚まし時計にも頼らず、「ただ起きる」ことが、気分がいい。

・目覚めがよい。

・時計、時間を使っての表現や感覚が、まだ曖昧。

51

顔を洗ったり…、学校に行く用意をする。
──お休みの日は？
おばあちゃんの畑のお手伝いをしたり、遊んだりする！
──目が覚めたら、布団からはすぐ出るの？
うん、すぐ出る。そうしたら、ママがお布団をすぐ片付けるから。たまに、お姉ちゃんが起きないと、ママが「起きなさ〜い」って言って、起こしてから、すぐたたむ。
──お布団から出る時、奈那ちゃんは、どんな気持ち？
いつも違うからなぁ…。
──起きたくない時はある？
ない！
──起きたらどんな気分？
嬉しい！
──嬉しいの？ 何が嬉しいの？
お休みの日には、何かしたり、畑に行って遊んだり…、学校の日は、お勉強するのが楽しいから…。
──朝、今日何をしようかなって考えることが楽しいの？
うん。でも、あんまり長く考えてはいないんだよ…。

着る

──奈那ちゃんが着る洋服は、誰が決めているの？
たまに、奈那が決めたり、たまに、ママが決めたり…。
──着るものは、いつ用意するの？
んー…？
──着替えをするのは、朝起きたら、すぐ？
朝ご飯を食べて、歯磨きして、それから着替えて…。
──着替える時に、服は用意するの？
そう。今日は、ママがやったけど…。
──いつも、決まってないんだね？
うん、決まってない。たまに、寒い日とかは、あったかい服とかになるでしょう？ だから、たまにママが決める。

・布団から出る時には、その日何をするか（学校／休日の予定など）を意識して動き出す。

――暑いとか、寒さに合わせて着るとか、奈那ちゃんがわからない時は、ママが助けてくれるの？
うん。たまに、奈那も決める。
――奈那ちゃんは、着る洋服を選んでる時、どんな気持ち？
んー…。気分は、あんまりないんだよー。
――どの洋服を着るか、考えるの難しい？
難しくないけど…、ママみたいに洋服が決められないんだよ。
――好きな服は、ある？
うん！
――自分では、好きな服を着るの？
そう！
――お洋服は、誰が買うの？
ママと一緒に行って、「これがいい」って奈那が言う。おじいちゃんとおばあちゃんも、一緒に出掛けた時に買ってくれる。
――奈那ちゃんは、お洋服買うの、楽しい？
うん。奈那は好きだけど、お姉ちゃんは、好きではないんだよ。お店の中の電気が、暑かったりするでしょ？だから、お洋服を買ったり選んだりするのが、ちょっと嫌い。苦手。
――お姉ちゃんは、お買い物が苦手なの？
お洋服以外は…、本とか、そういうのは好きなんだけどね。
――奈那ちゃんは、苦手じゃないの？
うん。小さい頃は、奈那も、お店の中の電気が暑くて嫌だったけど、今は、大丈夫。お姉ちゃんは、「行かな～い」って言う時もある。

⚽ 遊ぶ

――奈那ちゃん、学校以外でも、お友達と遊ぶ？
うん、遊ぶよ。たまに。
――どこで遊ぶの？

・着る洋服は、寒いか、暑いか、などの母の意見が重要だと感じている。

・買う服を選ぶことは好き。

・服を買うことなど、自分との違いを比較して、「お姉ちゃん」の存在を意識していることが感じられる。

メグちゃんっていう子がいて、学校の前に住んでいるから、たまに車で遊びに行く。メグちゃんが、奈那の家にきて、遊んだりもする。
　──メグちゃんと、何をして遊ぶの？
メグちゃんの他に、アヤちゃんとミー君っていうきょうだいがいるから、メグちゃんちに行った時は、追いかけっこしたり、隠れたりして、みんなで遊ぶの。でも、奈那のお姉ちゃんは、奈那が、アヤちゃんと遊ぶと、「アヤちゃん、とらないでね」って、奈那に言ったりするの。お姉ちゃんは、アヤちゃんが大好きなの…。あと、犬の「歌うわんわん」っていう、ぬいぐるみがあるのね。それを買ってもらったから、それで遊ぶの。お姉ちゃんの犬は、ミニチュアダックスで、「ケンタロウ」っていうのね…。
　──奈那ちゃんの犬は？
奈那のは、プードルで「キャサリン」！
　──そうなの？　全然名前が違うね！（笑）
うん、全然違う。買った時に、初めから名前が付いてるんだよ！　首のところにね、丸い紙が付いていて、「名前はケンタロウです」とかって…。お姉ちゃんは、学校に「ケンタロウ君」がいるのね。だから、別の名前を付けたんだけど、…それは、忘れちゃった！
　──その「わんわん」で、どうやって遊ぶの？
犬が歌うんだよ！　そして、遊んでると、なんか、自分たちが犬になってるみたいなの〜。お姉ちゃんは、本当に犬の耳を噛んだりするんだよ！
　──えっ、喧嘩にならないの？
ならないよ！
　──遊んでいる時、どんな気持ち？
楽しい！！
　──メグちゃんとは、自分で、遊ぶ約束をするの？
うん、でも昨日は、奈那が、午後ピアノに行く日だったのね。だから、お母さんに「疲れちゃうかもしれないから、やめたら？」って言われたから、そうかなと思って、家に帰ってから、メグちゃんに電話してやめたの。だ

・「お姉ちゃん」、友達、自分の関係を、遊びの中からもよく観察している。

・みんなで「ごっこ遊び」を楽しむ。

から、学校の帰りにお友達と約束しても、だいたい「あとで電話するから」って言うの。
──疲れちゃうから、遊ぶのをやめるの？
遊んだあと、ピアノとか何かすると、疲れちゃって、うまく弾けないことがあるから、お友達とも、約束する時に「ダメだと思うよ」とか「いいんじゃない？」とか話し合って、「あとで電話するから、じゃあね！」って、学校の帰りに、曲がる角で言って別れるの…。
──約束するけど、遊べるかどうか、お母さんに聞いてから、決めるということ？
そう！
──お母さんに聞くと、安心？
うん。

食べる

──夕ご飯って、何時くらい？
…わかんないんだよ～。その「何時」とかっていうのは…。
──そうか！ 時計は、わからないんだっけ…。じゃあ、誰と食べているの？
お父さんとお母さんと、お姉ちゃんと、奈那。…おじいちゃんとおばあちゃんは、おじいちゃんとおばあちゃんの部屋で、2人で食べる。
──家族みんな、揃っているんだね。おばあちゃんたちは、どうして別の部屋なの？
うん。みんなで食べると、テーブルがお皿でいっぱいになっちゃうでしょ。だから、奈那たちが、部屋に運ぶのを手伝ってあげる。でも、たまにおじいちゃんが旅行の時は、おばあちゃんも一緒に食べる時もある。
──夕ご飯のお手伝い、奈那ちゃんもするんだ。
お母さんは、疲れているから、運んであげるの。
──お母さん、疲れているの？
忙しいの。今日も、朝、新聞読みながら、ご飯食べていたから…。いつもお手伝いする。お仕事（父の自営

・自分の習い事と、自分と友達の遊びの約束の調整など、親の意見を聞きながら考えようとしている。

・遊びの話は、自分からどんどん出てくる。楽しさが伝わってくる表現。

・「テーブルがいっぱい→おばあちゃんたちと別に食べる」、「お母さんは忙しい→家事を手伝う」…など、状況の把握と説明が得意。自分がしている手伝いにも理由づけし、納得して行動している。

の人が、旅行に行ってお休みだったから、お母さんがお手伝いに行くから…。
──お手伝いは、ご飯を運ぶこと以外にもするの？
お茶碗を持ってきたり、豆腐に生姜を置いて、運んだり…。
──お母さんに頼まれるの？
うん。奈那が、自分でやろうとしていることを頼まれたりもする。お姉ちゃんも、大根をおろしたりする…。
──お姉ちゃん、大根おろしするの？　危なくないの？
大根が小さくなってきたら、でしょ？　うん、大丈夫！！
──奈那ちゃんは、好き嫌いはないの？　食べられないものとか、ある？
好きなものは、いっぱいあるから…、わかんな～い。忘れちゃった！　嫌いなものは、あるんだけど…。奈那のご飯には、嫌いなものは入ってないんだよ。ご飯は、子ども用とおとな用に分かれてるんだよ。
──おとな用と子ども用のおかずがあるの？
そう。奈那は、ピーマンが嫌いなんだけど、おとな用の辛いやつには、ピーマンが入っているんだよ。お姉ちゃんも、奈那と一緒で、トマトとピーマンが嫌いだから、子ども用には入っていないんだよ。でも、スパゲティーのピーマンは、食べられるんだよ～。
──じゃあ、嫌いなものがあっても、おうちでは困らないの？
うん！
──テーブルがお皿でいっぱいになっちゃうのは、おとな用と子ども用のおかずがあるから？
うん。あと、おばあちゃんたちのも違うから、お母さんは、いろいろつくっているんだよ。

・夕食の手伝いなど、家事に積極的に参加。準備の流れをよく観察しているし、周囲への関心がある。

・祖父母用、おとな用、子ども用のおかずがある。好き嫌いを矯正されずに、家族みんなが食事を楽しむ。嫌いで食べられないものがあることは、本人も意識している。

♥♥ その他

──今、何をすることが、一番楽しみ？
英語！
──英語の塾？

塾って？
——英語を教えてくれるところ？
うん。教えてくれるところ。
——何が楽しいの？
英語で、カードゲームで、トランプみたいにやって…。あのね、ショウイチ君っていう子がいるのね。その子の名前を、「ショウイチ君」って呼ばないで、呼び捨てで言うのね、英語では。そういうふうにして、遊ぶの。
——1人で、通っているの？
お姉ちゃんと。
——英語で遊ぶのが、楽しいの？
うん、楽しい。あのね、カードゲームも、たまに間違えちゃったりするんだけど、そうしたら教えてくれる。優しい先生だから…。モリ先生っていう、男の、ちょっと歳とった先生。
——優しい先生なんだ…。
幼稚園で、英語を教えていた人なんだよ。
——奈那ちゃんは、いつから英語を始めたの？
1年生になってから。
——英語をしゃべれるようになった？
なった！！
——英語を覚えると、何か違う？
んー、よくわかんないけど、行くのが楽しいし、しゃべれると、嬉しい！

・英語の先生との関係が心地よい。間違っても安心の場所。

・英語の先生のことや、カードゲームのことなど、自分がいるところや、楽しんでいることなどを具体的に人に伝えようとする。

・知らないことを、学んでいることを楽しむ。やっていることに自信がある。

子どもの感想

——奈那ちゃん、聞かれてどうだった？
んー。
——答えづらかった？
「どんな感じ？」って聞かれると、わかんない時は困った！
——どんな感じか、聞かれると困る？
どう言っていいのか、わかんないんだよ〜。
——でも、たくさんお話してくれたこともあるよね？
うん。わかることは話せるけど、わかんないこともある。

朝の感想

インタビューを興味深く読ませてもらいました。

奈那子が答えた事柄は、事実とは少々違った部分がありました。でも、その部分は、間違いや勘違いではなく、「何かを強調したいがために他のことが色褪せる」というような、自然な成り行きでの捉え方なんだと気が付きました。6歳児とおとなの物事の捉え方は、同じ行動をとってみても違った見方や意味合いがあるのだろうと思います。

普段の奈那子は、朝起きると、私に向かって「早く起きたでしょ」という顔をしています。というのも、お姉ちゃんをとても意識していて、お姉ちゃんが、ちょっと起きるのが遅いだけで、「自分が早い」と周りに評価されるのを期待しているようなのです。

おっとりしているお姉ちゃんに比べて、お手伝いでよく気が付くのは奈那子で、食事の準備など、言われなくても、自分が何をすればいいのか観察してやってくれます。

インタビューの内容の全体から、お姉ちゃんの存在を意識しながら、自分の置かれている立場を観察し、周囲を見て行動している様子が浮かび上がってきました。逆に自分の存在をアピールしてはいるものの、自分の気持ちというものはあまり表現していないし、（年齢のせいか）それがまだ難しいようにも感じました。

今後、気持ちの表現方法を学びながら、奈那子の行動がどのように変化していくのかが楽しみです。それから、子どもも親とは異なる「1つの人格」（ただし与えられた環境の影響を強く受けている）をもって、考え工夫しながら生活している、ということにも気づきました。

このインタビューをとおして浮かんだ私自身への課題は、私にとっての「奈那子」は、お姉ちゃんとの比較によって存在するのではなく『絶対的』な存在である、そして、人と人との関係は、すべてにおいてそうなんじゃないかな…、ということをどうやって伝えていくか、でしょうか。

インタビュアーの感想

　奈那ちゃんへのインタビューで印象に残ったこととして、「奈那ちゃんの話を聞くことが、とても楽しかった」ということが、一番に挙げられます。

　1つひとつのことに答える奈那ちゃんの、人に何かを伝えようとする一所懸命さと、毎日の生活にワクワクしているいきいきとした言葉に、もっと話を聞きたくなってしまう…、そういう気持ちになるインタビューでした。

　実は、お母さんと私の普段の会話の中では、お互いに子どもの話をすることが少ないので、奈那ちゃんの普段の生活のことは「ほとんど何も知らない」という状態で、私には、「6歳の奈那ちゃん」のイメージがありませんでした。だから、インタビューが始まってすぐに、「何時に起きる？」という質問をして、「時計（時間）を基準にしていない」ということがわかった途端に、奈那ちゃんに何を聞いていいのかわからなくなりました。それは、私自身が朝起きること1つとっても（今まで意識していなかったのですが）、まず「時間」とか、何かの流れを基準にする思考パターンだから、奈那ちゃんとは違うということなのでしょうか…。

　じゃあ、「起きる」・「食べる」・「着る」・「遊ぶ」…という日常を、6歳の奈那ちゃんは何を軸として生活しているのだろうと、気になってのインタビューとなりました。

　お母さんの感想にもあるように、今は、家族やお友達、周囲のおとななど、人との関係から見える自分を積極的に探りながら生活している、ということのように思います。

　服を着る時に、お母さんの意見を頼りにしたり、お姉ちゃんや友達と遊ぶ時の関係を気にしたり…という過程で、奈那ちゃんはいろいろなことを吸収しているのだろうなあと、楽しい話を聞きながら感じていました。

らくだの目

　奈那子さんは起きる時間が決まっていません。「時計が読めない」というのがその理由らしいのですが、私も起きる時間を決めていません。起きる時間を決めると、目が覚めていても、まだ何時になっていないからと、再度寝てしまって…。そんなことが嫌だから、「2度寝はしない。目が覚めたら、起きる。ただし、4時前に目が覚めた場合には、もう一度寝てもＯＫ」と決めたら、起きる時間が4時台とか5時台が普通になってしまって、決まった時間で起きないのはいいなと思っていました。

　今回、私と同じような起き方をしている子どもがいるんだとわかって、うれしくなりました。そして、奈那子さんの起き方を見ながら、もしかすると時計のない時代は、ほとんどの人が私たちのように「目が覚めると起きる」を実践していて、時計が一般化してからの時代より、ずっと起きる時間が早かったりしたのかな、とそんなことを考えてしまいました。

　時計が読めるようになっても、今みたいに、「自分で、ただ起きる」を続けて欲しいなと思いました。

子ども・くらし
インタビュー

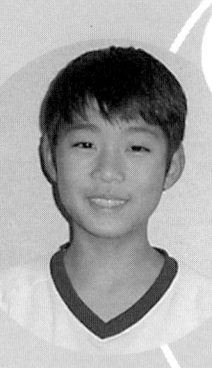

「言ったらヤバイ！」って思ったことは、言わない。

家族構成
父、母、兄 (小4)

住居環境
マンション

川本 航太（かわもと こうた）くん
鳥取県鳥取市 8歳 (小3)

工作、昆虫・熱帯魚が好き

サッカークラブ
そろばん塾
プラッツ「遊々」
(学習塾)

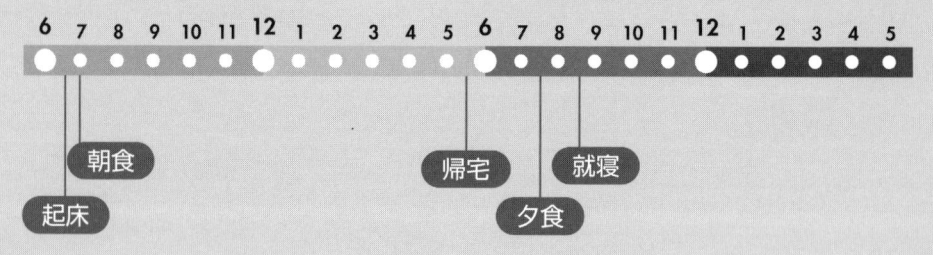

TIME TABLE

6 7 8 9 10 11 12 1 2 3 4 5 6 7 8 9 10 11 12 1 2 3 4 5

- 起床
- 朝食
- 帰宅
- 夕食
- 就寝

インタビューした人
松田恭子（プラッツ「遊々」の指導者）

インタビュー周辺情報
兄、母、本人ともに、プラッツ「遊々」の生徒。2004年5月14日、学習を終えたあとに3名がいる場でインタビューを行ったが、本人のことを聞いていると兄も話したくてたまらず、本人が言うことを母と一緒になって補足してくれた。

起きる

――朝起きた時に、すぐすることってなあ〜に？
2段ベッドの下に寝ているのね。それで隣の部屋に行って、クッションにもたれて、また寝る。
――上の段には、お兄ちゃんが寝ているんだ？
違うよ。2段ベッドには僕だけ寝ている。兄ちゃんは隣のベッド。上の段にはお布団が積んであるから寝れないんだ。
――お兄ちゃんと同じ部屋なの？
うん。お母さんとお父さんも一緒の部屋だよ。ベッドが違うだけ。
――自分で起きるの？
母さんがまず、「起きんさい」って呼ぶでしょ。隣の部屋に行くでしょ。父さんが「早く食べんさい」って呼ぶでしょ。それからやっと起きる。
――それから？
ご飯を食べて、歯磨きして、着替えて、兄ちゃんと学校へ出掛ける。
――学校は2人で行くの？
出掛けるのは2人だけど、同じマンションにいる子と一緒になるし、歩いているとだんだん一緒に行く人が増えてくる。
――みんなとは、どんな話をしながら行くの？
ハハハ…、これがおもしろいんだ。
――え〜っ！ 何、何？
洗濯機付き炊飯器と、耳かき付き携帯電話とどっちがいい、なんてありそうもないものを考えながら、言い合って行くんだ。これがメッチャおもしろい！
――他にはどんなものがあるの？
トイレ付き車、ホテル付きトラック、爆弾付きゴキブリ、食器洗い器付き掃除機、らくだ型清掃車…なんて考えながら言い合って行くのって、超おもしろいじゃん。あんまりおもしろいから、笑い過ぎて、自転車が来るのがわからなくて、ぶつかりそうになったこ

▼ インタビューから ▼
見えてきたこと

・はやく起きなきゃ〜って思いながら寝ているけど、クッションにもたれて寝ている時が一番気持ちいいという。

・父も母もお勤めで、朝はけたたましく忙しい。そんな中、父母に起こされはするものの、自分のことは自分でするという気持ちで動いていて、朝の支度の順序がちゃんと決まっている。

・1歳違いの兄とは仲がいいが、ライバル意識も強い。入らないと決めていたサッカークラブに入ったのも、兄の姿を見ていて、おもしろそうだと思ったからだ。何事につけても兄の存在が気になるが、共通の友人が多い。

ともあるんだ。
——危ないねえ。朝ご飯は、何時頃に食べるの？
7時頃かな。
——テレビを見ながら食べるの？
うん。NHKのニュース。
——ふ～ん。ニュースを見るの？
お父さんとお母さんが見てるからねえ。ニュースのあとの天気予報を見て、傘を持っていくとか、洋服をどれにするとか、役に立っているよ。

着る

——朝起きて、着るものをどうやって決めているの？
自分で決める。
——どうやって？
お母さんが洗濯物をたたんで置いている場所から取ることもあるけど、タンスから出すこともある。
——どんな時？
学校で図工がある日なんか汚れるから、汚れてもいいもの、汚れが目立たないものを選ぶ。
——汚すと、お母さんに怒られるの？
まあそういうこともあるけど、僕がイヤ。
——好きな服とかあるの？
「100Ｖ」と描いてある黄色のＴシャツ。数字とか英語が描いてあるのってカッコイイと思うし、黄色が好き。でも、黄色のＴシャツに白色の半ズボンを組み合わせるのは、ドハデになるので嫌だ。
——上と下の組合せとか考えるの？
うん。黄色には紺色。
——どうして？
夢を見ていて思いついた。
——色に関心があるんだ？
そういうわけじゃないけど、上と下をシルバーにするのは、ちょっと嫌かな。汚いから…。

・学校に着くと、あいさつ委員が大きな声であいさつをした人を書き留め、校内放送で読み上げるという。大きな声を出す時もあるが、たいてい普通にしているという。学校のシステムに合わせたり、自分の気持ちに素直に従ったり、ほどよく本音と建前を使い分けている。

・お母さんが「自分で決めなさい」と言ったわけでもなく、自分からいつの間にか洋服を選ぶようになったらしい。お母さんもインタビューに答えている彼の話を聞いていて、「そういえば…自分で決めているな。でも、そんなふうに決めているなんて思ってもいなかった」と意外だったようだ。

・1歳違いの兄は、小さくて動きにくいものは嫌、という視点で選んでいるだけ。親がアレコレ干渉したわけでもないのに、兄弟でも、洋服選びだけでこれだけの差が出てくるのだからおもしろい。

⚽ 遊ぶ

――遊ぶのはいつ？
学校の昼休憩かな。
――何して遊ぶの？
ハンドベースとドッジボール。
――ハンドベースって？
ルールは野球と同じ。野球のボールよりちょっと大きいボールを手で打つんだよ。
――誰とやるの？
同じクラスの男の子たち10人くらいで。
――他にはどんな遊びをするの？
今学校が改築していて校庭が使えないからねえ。図書室へフラッと行くかな。
――放課後は？
月・水・土はサッカーの練習があるから遊べないでしょ。火・木は5時間の授業が終わってから「やまびこ」(学童) に行くけど、宿題を済ませないと遊んじゃいけないことになっているからあんまり遊べない。
――宿題が済んだら、何をして遊ぶの？
ハンドベース。でも、野球部が練習をしているから、あんまり遊べない。
――サッカーもだけど、部活って小学校でもあるの？
社会体育っていうんだって。先生じゃないおじさんがコーチをしてくれてる。
――ふ～ん。ハンドベースの他には何もしないの？
折り紙。本を見て恐竜をつくった。前は編み物もしていたよ。
――何をつくったの？
ポシェット。
――「やまびこ」の先生が教えてくれるの？
うん。指で編むんだよ。
――1年の頃、虫が好きだったよね。先生んちから虫の絵本をたくさん借りて帰っていたの覚えている？ この頃はどう？ 虫捕りなんかしないの？

・朝の集団登校の仲間とおしゃべりしながら行くのも、遊びといえば遊びだが、彼の中では、学校での20分間を「遊び」と捉えているようだ。この時、遊ぶのはクラスメートの男子。女の子とはあまり遊ばない。もうこの年齢で、ジェンダーが意識の中にあるのだろうか？ 彼の話を思い返してみると、登校中も話をしているのは男の子。サッカークラブも男の子ばかり、家では父母、兄との4人暮らし。日常で身近な女性と言えば、母親しかいない。近くにおばあちゃんや叔母さんがいて、時折その家で過ごすというが、同じ年頃の女の子という異性の存在は、彼にとって友達という視野に入っていないようだ。

するよ。この間なんて校庭でね、ショウリョウバッタとトノサマバッタを友達が捕まえていて、「交尾をさせるんだ」って言って、お尻とお尻をくっつけていたんだけど、トノサマバッタがショウリョウバッタを食べちゃったんだ。バッタも共食いするんだよ。
——へえ〜、初めて聞いた。そんなことあるの？ バッタって草食だと思っていたわ。虫の中でも何が好きなの？
玉虫。
——どうして？ クワガタやカブト虫じゃあないの？
それも好きだよ。シロスジカミキリとかもね。前は、雑木林によく虫捕りに行っていたなあ。カマキリを飼っていて、エサになるバッタを捕まえていたよ。けど小2の時、玉虫が学校に飛んできたんだ。光っていてきれいだった。
——捕まえたの？
逃げていったけどね。
——それからずっと捕まえたいって思っているんだね。
うん。捕まえたいっていうか、もう一度本物を見てみたいな。
——また、飛んでくるといいね。動物では何が好きなの？
イヌでしょ、ペンギン、カワウソ、アメリカバイソン、オリックス…が好き。
——なんで？
イヌはネコみたいに引っ掻かないし、ペンギンとカワウソは小さくてかわいいし、泳ぐでしょ。アメリカバイソンとオリックスは、大きいし、角が曲がりくねっていてカッコイイから、乗ってみたいんだ。
——図鑑で見たの？
動物園で本物を見たよ。
——ゾウなんかどうなの？
鼻で水を吸って飲んでいるところを見ていたら、キモチワルイと思ったから、あんまり…。
——魚はどう？
熱帯魚が好き。
——どうして？
お父さんが前から飼っていて好きになった。

──え～っ！　水槽があるの？　初めて聞く話だね。お父さん、熱帯魚好きなんだぁ～。エサなんかあげるの？
うん。テトラシンって藻を乾かしたやつを、1カ月に1回くらい、ビンのフタに1杯あげる。
──何がお気に入り？
セルフィンプレコ。20センチくらいだったのが、今50センチくらいになった。
──どんな魚？
ナマズみたいなんかな。この間なんかね、ゴールデングラミーが死んでいたんだけど、朝起きてみたら、そいつが食べて、ホネだけになっていたんだ。ビックリした～。
──そりゃあ、ビックリだね。図鑑とかよく見るの？
うん。「小さな生き物図鑑」と「はじめての熱帯魚と水草」って本をよく見る。
──家に帰ってからは、そうやって図鑑や本を読んでいることが多いのねぇ？
うん。家に帰るともう5時半だからね。
──お兄ちゃんとは何して遊ぶの？
僕の8歳の誕生日プレゼントに買ってもらった「野球板」で遊ぶし、家で決められているから15分しかできないけど、テレビゲームをするんだ。
──野球板ってなあに？
バネを使って、バッターにボールを投げる側と、バッターになって打つ側に分かれて遊ぶんだ。時々、フォアボールを続けてしまう時がある。兄ちゃんは真っ赤になって怒ってくる。でもやめないでいると、泣きながらつかみかかってきて、喧嘩になる。
──テレビゲームは15分って、誰が決めたの？
お母さんと僕たちで。
──それを守っているってすごいね。
約束だもん。友達が来たって同じだよ。

食べる

──晩ご飯は、いつ頃、誰と食べるの？

・3年前にテレビゲームを買ったというが、「15分だけ」と母がルールを決めた。以来ストップウォッチで計っている。友達にも「家は15分しか遊べないからな」と、ちゃんと伝えていて友達も納得しているという。約束を守らないと「メシ抜き」と母が言い、約束を守らなかった息子たちを前に、食卓に並んだ料理を片付け始めてから、「母は本気」だと伝わったようだとは、お母さん談。

たいてい7時半頃。遅い時は8時。お父さんはたいてい遅いので、お母さんとお兄ちゃん。
——テレビはつけているの？
つけていない。
——どうして？
いつの間にか、そうなっていた。
——食べながら、どんな話をしているの？
学校であったことや、兄ちゃんが野球とサッカーが好きだから、よくその話になる。阪神や巨人、清原や松坂の話を聞かされるんだ。それに「○×クイズをしよう」って言って、学校で今日教わったところを問題に出すし、「しりとりをしよう。今日は食べ物バージョン！」って、兄ちゃんが言うから、3人でよくやる。
——楽しそうねえ。先生に叱られた話なんかもするの？
いや～、「言ったらヤバイ！」って思ったことは、言わない。
——たとえば、どんなこと？
ヒ・ミ・ツ。
——困ったことなんかを相談するってこともあるの？
う～ん、ないかも。でも、元気がなかったりすると、お母さんが聞いてくるから…、ちょっとずつ話すかな…。
——どんな時に困るの？
学校の先生に叱られた時かな。
——どんな時に叱られるの？
う～ん、思い出せない。
——好き嫌いはないの？
あんまり。
——何が好き？
ステーキ、焼き肉。
——豪勢だねえ。
魚も好きだよ。煮たのより焼いたの。ホッケでしょ、シャケ、塩サバ…。特に目玉。ゼリーみたいなところが大好き。ほっぺもね。
——通だねえ。野菜は？
焼きナス、キャベツの茹でたのをゴマダレで食べるのも

- 共稼ぎで忙しい日々、夕食の時ぐらいテレビを見るのはやめて、家族で話せる時間にしようというお母さんの意向が定着し、子どもたちはこの時間、「テレビを見たい」とは言わない。1日のうちで唯一お互いの情報交換をする時間になっている。いい時間だと思う。今日あった話をお互いがする。それぞれの興味がある話もする。それをお互いが聞く時間でもある。喧嘩もする。これもコミュニケーションの1つ。夕食の団欒が目に浮かぶ。

- 言うと叱られると彼が判断したことは、夕食の団欒では話題にしないようにしている。これは彼の知恵。でもお母さんは、彼が元気がない時に「どうしたの？」と聞いて、彼が少しずつ話す状況をつくっている。それにお母さんのほうも、腹が立ったら立ったまま、彼に我慢しないでぶつけている。いい関係だと思う。ちなみに彼は幼い時から、怒られると悲しくなってしまう人だと、お母さん談。

好きだし、ほうれん草や白菜のおひたしも大好き。味見
をするって言って、たくさん食べちゃうから、ご飯の時
にお腹がいっぱいになっていることがよくあるんだ。
　——幸せだねえ。じゃあ、ご飯の時にちゃんと食べら
れないんじゃないの？
　うん、よくある。ご飯を食べながら居眠りしている時
もあるよ。
　——じゃあ、宿題は「やまびこ」でしてるって言った
けど、明日の準備や塾プリ（らくだプリントのこと）は
いつやるの？　お風呂は？
　目が覚めている時は、ご飯を食べてからお風呂に入るし、
寝る前に塾プリをしてから、明日の準備をするけどね。
　——そのまま眠ってしまって朝が大変！　っていう時も
あるんだねえ。居眠りしない時は何時に寝るの？
　9時頃かな。

・夕食時にはもうエネルギー切れで、睡魔が襲ってきているという。限りなく身体を動かし、心ゆくまで遊んでいるのが伝わってくる。

♡ その他

　——お手伝いしてる？
　してる、してる。お手伝い大好き。
　——どうして？
　わかんないけど、好き。
　——たとえば、何をしているの？
　トイレ掃除、料理、雑巾掛け…。
　——お手伝い、楽しいの？
　うん。でもね、嫌いなものもある。
　——それは何？
　洗濯物を干すのは好きだけど、たたむのはイヤ。うま
くたためないし、面倒くさい。それと、掃除機をかけ
るのもイヤ。とくに、テーブルのイスがあるところ。ど
かしてかけるのが面倒。
　——トイレ掃除や料理は面倒くさくないの？
　うん。トイレはきれいになると気持ちいいでしょ。雑
巾掛けも重たいものをどかしたりしなくていいし、料
理はお母さんと一緒にやれて、味見もできるもん。

・決まった時間に決まったお手伝いをするというのではなく、お母さんと一緒にすること、「きれいになる」という達成感のあるものが好きらしい。でも、洗濯物がうまくためなかったり、大きいイスをどかして元に戻すという工夫や、労力を必要とする作業は避けようとしている。

・お母さんと一緒にいる時間がとても心地よく、お手伝いをしながら、お母さんとコミュニケーションを彼なりにとっているように思える。

子どもの感想

――インタビューをされてどうだった？
おもしろかった。
――何がおもしろかったの？
え～っ、だって聞かれて話すのっておもしろいじゃん。
――だから、どうして？
普段こんなこと、誰にも聞かれないよ。
――こんなことって？
「朝起きた時、何をする？」とかさあ～。それに、虫や動物、熱帯魚の話を、こんなにたくさんおとなに話したことないもん。聞かれるとどんどん話したくなる。

親の感想

　聞かれて話していると本当に楽しそうですねえ。子どもが私に話してくれる話よりもおもしろいし、イキイキと話している。夕飯の時になるべく話を聞き、私も話すようにしています。それに、PTAの行事にはよく参加していて、学校での子どもの様子などをなるべく把握して、かかわっていたつもりでしたが、知っているようで知らないことがたくさんありました。
　びっくりしたのは、洋服を選ぶ彼の基準を初めて知ったことでした。そういえば、ゆったり着れるかどうかだけで判断している兄とはまったく違い、色で選び、上下の配色も考えているとは、驚きました。同じ親から生まれ、同じ家庭で育った兄弟でも、こんなに違うのですから、1人ひとりの感性や考えや思いが違うのは当たり前ですね。改めて、納得しました。
　「インタビュー」という方法で「聞いていく」と、違いまで明らかになり、気が付かなかったことに気づけるのですね。
　それに以前のことを、子どもは本当によく覚えているんですねえ。私は、バレーボールを学童の先生に教わってたのは今年だったと思っていたのですが、きっぱりと「去年だった」と言われてしまいましたし、雑木林で虫捕りをしていたことも「ミヤマカミキリがどうの、ノコギリクワガタがどうの…」と、昨日あったことのように話すのですから。日々の体験がみんな彼の思い出となり、血となり肉になっていくと思えば、めったな言動はできませんね。
　それと、親でもない、親戚でもない、学校の先生でもない方がかかわり、ずっと何年も子どもたちの成長を見守ってくださっているって、嬉しいことだと思っています。

インタビュアーの感想

3年もお付き合いしている彼の意外な一面を知ることになった。この子、やっぱりおもしろいし、かわいい。

朝一度起きてからクッションにもぐり込む、と話す彼は、ちょっと照れ気味だった。早く自分から起きたほうがいいと思っているようだが、お父さんとお母さんに起こされたい、という気持ちも少なからずあるようだ。幸福感に満たされて2度寝をしている、彼の姿が想像できる。

そして、お母さんの後ろをちょろちょろしながらお手伝いをしてる彼を思い浮かべて、「やっぱりかわいい！」と思った。

お兄ちゃんがいつも気になる存在。自分の前をいつも歩いているからだ。お兄ちゃんが始めたサッカー──興味なさそうにしていたのに、いつの間にか同じスポーツクラブに入っていた。これもおもしろい彼の心理の一面。

それにしても、もう小学3年生で、着るものの組み合わせを考えているとは。誰が教えたわけでもないのに、嫌いな色の組み合わせもハッキリしている。感性とは、本当にそれぞれ生まれた時から固有なものだと、彼に話を聞きながら納得した。

また、「これを今言ったらヤバそう」とか、「ちょっと相手に合わせておこう」とか、場の気配を読み取って対応しているし、言いたくないことは「秘密」にできるセンスももち合わせている。彼と話しながら、「『秘密』をもつことで自分のバランスを取るということが『人』ではないか…」などと考えさせられた。

それにしても、「らくだ型清掃車」には笑ってしまった。

らくだの目

子どもにインタビューするときに、特に大事なことは「答えなくてもいい権利」を保証することです。そうでないと、警察の尋問みたいになって、言わせようとしてしまうからです。

そういう意味でも、航太くんの「ひ・み・つ」はいいなあと思いました。秘密をもてるのは、自立していく上で大事な能力ですから、そこの部分までを詮索するのは考えものです。「子どものことは何でも知っていなければ…」と思うのはおとなの勝手だから、そう思っても仕方ないのですが、そんなふうに思われては、子どもは息が詰まってしまうのは間違いないでしょう。

ですから、子どもは、「言いたくないことは言っていない」が当たり前であって、それは責められることではないように思うのです。

それに、子どもが学校であったことをそのまま話していると思っても、それは絶対に自分の都合のいいように話していると考えたほうがいいでしょう。本人にウソをついている自覚がなくても、自分に都合の悪いことは言わないのが自然だからです。

だから、子ども（子どもに限らないでしょうが…）の話を聞くときは、「真に受けながらも、真に受けない」が基本的なスタンスのように思います。

子ども・くらし インタビュー

> この洋服を着ると、どんな視線を浴びるかなって考える。

横堀ミラノさん
よこぼり
岡山県岡山市 8歳 (小3)

家族構成
父、母、妹 (小1)

住居環境
一戸建て

ファッションについて関心高い

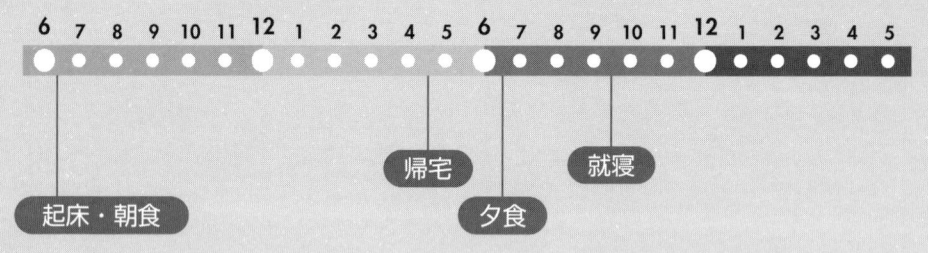

TIME TABLE

| 6 | 7 | 8 | 9 | 10 | 11 | 12 | 1 | 2 | 3 | 4 | 5 | 6 | 7 | 8 | 9 | 10 | 11 | 12 | 1 | 2 | 3 | 4 | 5 |

- 起床・朝食
- 帰宅
- 夕食
- 就寝

インタビューした人
横堀義子 (母)

インタビュー周辺情報
とてもリラックスした雰囲気の中でできた。自宅にて、2004年6月14日午後3時半から4時15分までの45分間。

起きる

――朝、どうやって起きてるの？
ママに「ミーラーノーちゃーん」って、1階から呼ばれて起きてる。
――呼ばれてすぐ起きるの？
すごい、ぐずぐずしてる。
――ぐずぐずしながらも起きられる？
起きられない時もある。
――起きられない時はどんな時？
寝不足の時は、だるいの。
――起きられない時はどうやって起きるの？
ママが「起きて」って、そばまで来るの。
――その時、それでどうするの？
仕方ないなーって起きるの。
――朝起きてすぐ何するの？
食卓について朝ご飯を食べる。
――おいしい？
ちょっと味気ない。
――どうして？
だって起きたばっかりだから味がわかんない。でもおいしい。
――朝、学校に行くまでの時間はどんな時間？
ボーッとしている時間。
――ボーッとしてるってどんな感じ？
ボーッとしてるからわかんない。
――家を出る時までボーッとしてるの？
少し、すっきりしてくるよ。目が覚めてくるから。
――学校に行く日の朝と、お休みの日の朝とどっちが好き？
学校へ行く日かな。
――どうして？
はっきりしてないことが嫌いだから。

▼ インタビューから 見えてきたこと ▼

・朝、私が「起きなさい」という気持ちで起こすのは、起こされるほうも嫌だと思うし、私も嫌なので、毎朝発声練習をしようと思った。1階から2階に向けて、頭から声が抜けていくイメージでお腹から声を出していると、息が凄く長くなり、チャクラ（ヨガで生命のエネルギーが存在するといわれる、背骨に沿った9つまたは5つの点）が開いていくような気がする。

・起きてからすぐ、よく食べられるなと思っていたが、味気ないまま食べていたんだ。

・お休みの日のほうが好きだと、私は勝手に思い込んでいたのでびっくり。

着る

――お休みの日にお洋服はどうやって決めるの？
その日の天気とかで、気ままに選ぶかな。これとこれを組み合わせるとオシャレだなと思うものを選ぶ。
――自分で選ぶの？
私が最初、好みで選んで、それからママに天気とか予想してもらって、それでまた考えて、ママと相談しながら決める。
――制服ってどう？
できれば私服のほうがいいなって思う。便利だし、服の世界が広がるし、私服でずっといたいじゃん。
――制服を着た時どんなこと考える？
特に季節の移り変わりの時、お友達は今日長袖で来るかな、半袖で来るかなって考える。
――どんなファッションが好き？
スポーティな感じ、パンツとかCAP（帽子）とか好き。
――今、一番自分らしくいられるファッションは？
Tシャツの上にキャミソールを着て、デニムジーンズにシルバーのチェーンをつけたりして、CAPをかぶるのが明るくて好き。それでリップグロス（色のない艶だしの口紅）をほんのちょっとつけるの、シンプルだから。
――いつ頃からこういうファッションが好きになったの？
去年ぐらいかな。派手な洋服も好きは好きだけど、どっちかといったらスポーティかな。
――お洋服を買いたいと思う時は、だいたい買ってもらえるの？
おばあちゃんは、いつもすぐ買ってくれるけど、ママはほとんど買ってくれない。
――パパがアメリカから買ってくる洋服やバッグはどう？
アメリカのファッションは「GAP」が好き。GAP最高。でもね、パパが買ってくる子ども用のバッグとかは、すっごくイヤ。アメリカに行った時、子ども用のを見

・自分は自分という感じに見えていたので、お友達は長袖かな、半袖かなと思いながら着替えていると聞いて驚いた。

・オシャレにこんなに関心をもっているとは。

てたらあまりかわいくない。
——どうしてGAPが最高なの？
すごいデザインもかわいいし、なんかよくわからないけど好きってあるでしょ。
——どうしてアメリカのバッグは嫌いなの？
すごい質も悪いし、子どもの物だからってバカにしているみたい。
——洋服を着替えている時はどんな気分？
この洋服を着ると、どんな視線を浴びるかなって考える。
——どんな視線って、誰の視線？
特に同学年。男女関係なく。前ね、電車の中で発見したんだけど、スーツなのに口紅なしでリップグロスしかつけてない女の人がいたの。
——その女の人、どう思った？
その人の個性が出ていると思った。メイクとかファッションには、その人の個性が出ると思う。
——何歳ぐらいの人だった？
20代の前半ぐらいだと思う。
——その人に憧れる？
憧れる。なんだか気迫みたいなものを感じたの。

遊ぶ

——どこで、どんな遊びをするのが好き？
校内でお絵描きをしたり、運動場で縄跳びや人質ドッチをするのが好き。
——人質ドッチってどんな遊び？
鬼以外の人が壁にひっついておいて、そこに鬼がボールを投げてくるの。それをうまく逃げられなかった人が負け。
——何人ぐらいでやってるの？
日によって違うけど、だいたい10人ぐらいかな。
——いつからやってるの？
今年の4月頃かな。

・子どもでもシビアな目をもっているということに、おとなたちは気づいていないように思う。

・どんな視線を浴びるかなんて、8歳で考えるとは思っていなかった。

・通学中でもファッションとかをチェックして、参考にしているのだ。

・かっこいい女性が好きなんだ。

・右腕に大きなアザをつくって帰ってきたのは、人質ドッチでできたものだったのだ。結構、活発に遊んでいる様子が垣間見られた。

——毎日やってるの？
まあね。
——おもしろい？
うん、おもしろいよ、女子も入ってくるよ。
——男の子のほうが多いの？
半々ぐらいかな。
——家で遊ぶのは？
家の中でバレーボール。おうちが広くないから狭いコートになるけど。
——おもしろい？
うん、でもまだアリアちゃん（妹・小1）が最低レベルだけど。
——最低レベルって？
なかなかボールが返ってこないの。
——他には？
あとは、お絵描きをするよ。今、描き方をどんどん開発中。だいたい女の子の絵を描くんだけど、最近、手とかにも動きをつけられるようになってきたの。
——描き方って？
どういうふうにすれば、目とか眉とかがかわいく描けるとか。
——宿題はいつするの？
いろいろ。学校から帰ってきてすぐしたり、遊んでからしたり。すぐした時は達成感がある。でも、遊んでからした時は途中でやる気がなくなって、するのが嫌になる。そんな時、嫌だという理由が思いつかなかったら、これは本当に嫌なのかって考え直したほうがいいと思う。私は無意識に嫌と思っていることが多いから。
——どうして、これは本当に嫌なのかを考え直したほうがいいと思うの？
やり始めてちょっとすると嫌じゃなくなるから。
——でも、それってよく気づいたね。
実は今日気づいたの、自由勉強していた時に。自由勉強の途中で嫌だって思って、「どうして嫌なんだろう？」ってママに聞かれて、「嫌だから嫌なの」って言って、

・ただ描き続けているのかと思っていたけど、少しでも上手になりたいと試行錯誤している姿が見えた。

パッとしないなと思ってトイレで考えてたら、これはちょっと考え直したほうがいいなと思って、よーく考えてみたら、本当はできるんじゃんと思った。なんで嫌になるのか、本当はできるのにね。それがわからない。
——できないと嫌になる？
嫌になるけど、その分できるようになった時は嬉しい。

・トイレに入ったきり、なかなか出てこないことがよくある。その時間を侵害しないように、心掛けようと思った。

食べる

——夕食はいつ誰と食べる？
パパとは毎日じゃないけど、家族で食べる。
——パパは、月にどのぐらい一緒に食べる？
3分の1ぐらいかな。
——時間は？
6時半から7時くらいに食べ始めることが多い。早目だけどね。
——夕食はにぎやか？
うーん、まあね。まあにぎやかでしょ。
——誰がにぎやかなの？
パパとママとアリアちゃん。
——夕食は楽しみ？
それは夕食のメニューで決まる。イタリアンとかお刺身だったら楽しみ。
——メニューを注文することある？
毎日じゃないけどある。
——嫌いなメニューの時はどう？
あーあって感じ。
——嫌なものでも食べるの？
あんまり食べない。
——楽しみはメニューだけ？
いやあ、会話とか。
——どんな会話？
みんなで盛り上がれる会話。
——盛り上がれる会話って？
学校ではやっていることとか、パパが胸に女性ホルモン

・本人も結構しゃべるのに、自分のことは棚に上げている。

・自分が結婚する前、母はどうして私の嫌いなものをわざわざつくるんだろう、と思っていたことを思い出した。

の注射を10回打ったら胸が大きくなる話とか。
──夕食の時、テレビつける？
ううん、つけない。
──どうしても夕食の時、見たい番組があったらどうする？
「お願い見せて、これは週に1回しかないからスーパーお願い」って言って、見ながら食べる。でも、パパとママが大声でしゃべるからあんまり聞こえない。
──スーパーお願いって、どんなお願い？
すっごいお願いするってこと。
──テレビが聞こえない時は、どんな気分？
イライラって感じ。
──それで？
もう、いい加減にしてよみたいな感じ。
──夕食後にお手伝いをする？
お手伝いじゃなくて、仕事をしている。
──どんな仕事？
お皿を拭いて、それぞれに片付ける仕事。
──どうしてするようになったの？
お小遣いが欲しかったから。
──お小遣いを何に使うの？
私自身のお金があったほうがいいから。
──どうして？
マンガ買いたいから。
──お皿拭きやりたくない時ある？
ある。
──どんな時？
晩ご飯が好きなものじゃなかった時。

その他

──お手伝いや勉強で楽しいのは？
文章題。
──何の文章題？
国語と算数。特に国語。この文章を読んで、問いに答

・我が家は自己主張する人たちばかりで、譲り合いの精神に欠けているのが、よく見えた。

・食べることがエネルギーになるわけだから、メニューも見直そうと思った。

えましょうっていうの。
——どういうところが好き？
文章があるところ。文章があったら大好き。文章があったら、楽しくできる。テストとかでも、読むところがあったら楽しい。
——ミラノちゃんにとって、勉強ってなんだろう？
ちょっと変と思うかもしれないけど、頭がよくなるため。
——頭よくなりたい？
正直言って、私あまり考えたことないんだよね。
——何を？
頭よくなりたいって考えたことないの。
——勉強したい？
勉強しないで遊びばっかりしていると、こんなことしてていいわけって不安になる。ペース狂うし…。
——好きな科目は何？
算数。
——どうして？
先生がいいから。
——どんなふうにいいの？
この人はこうだ、この人はこうだって決めつけないで、自信をもたせてくれるところかな。この人はよくできる人、この人はできない人って、分けないところがいい。
——科目によって先生が違うの？
そう、算数と理科はアメリカ人の先生が英語で教えてくれるの。
——他に好きな科目は？
音楽。
——どんなところが好きなの？
先生と聖歌が好き。
——先生のどんなところが好き？
リコーダーを2本口に入れて両手で一度に吹くところが好き。それにギャグとか言うところが好き。

・文章題のように、じっくり時間をかけてする勉強よりも、すぐ答えの出る計算とかのほうが好きなのかと思っていたので、驚いた。

・休みの日に勉強しないで遊んでいるのが楽しいのかと思っていたが、子どもなりに「これでいいんだろうか？」と疑問を感じているということがわかり、ほっとした。

・先生のこともよく見ている。

子どもの感想

――インタビューされてどうだった？
別に。
――別にだけ？
ただ事実を話しただけだから。

――「インタビューしていい？」って聞いた時、どうだった？
おもしろそう、何を聞かれるのかなって興味をもったよ。
――普段の会話と違った？
ママとこういう深い会話をしたことないよね。

親の感想

　娘の朝のボーッとした時間を、私は「早く」「もう時間ないよ」と追い立てていました。半分寝ながら朝食を食べ、少しずつ目覚めていくそのリズムに付き合うのではなく、自分のペースに娘を乗せることばかり考えていました。そういえば、私も子どもの頃は、半分眠った状態で朝食を食べ始め、終りかけた頃に目が覚めていたことを思い出しました。

　自分の好きなメニューじゃない時は、洗い物の仕事の力が入らないという話を聞いて、「今日は何の晩ご飯かな？」と楽しみにしていたら、自分の嫌いな物が出てきて、がっくりするというのは、ちょっとかわいそうだけど、かといって好きなものばっかり食べているとバランスがとれないから、料理をもっと工夫する必要があると思いました。

　娘はよくトイレにこもるのですが、トイレの中でマンガを読んでいるだけじゃなく、娘なりにいろいろと物思いに耽っているということがわかってよかったです。娘のトイレでのプライベートな時間を侵さないように、そっとしておいてあげようと思いました。

　先生のこと、おとなたちのこと、通学途中に会う人たちのことを、実によく観察していてビックリしました。まだまだ子どもだと思っていましたが、しっかりと見ていて、ファッションについても、自分がどんなふうに見られるかということを意識していたりします。

　ファッションについて語り合うのは、まだまだ先と思っていましたが、もう、そんな話ができそうです。自分を表現する1つの手段としてのファッション。私が娘の表現を遮らないよう気を付けなくてはいけません。

　娘にインタビューをしていると、次女（小1）も「ママ、私にもインタビューをして」と、話した内容をメモする白い紙を持ってやってきました。長女と私の様子を見て、自分もして欲しくなったようです。

インタビュアーの感想

「インタビューしてもいい？」と私が娘に聞いた時、娘の顔が一瞬、変りました。それは、私と娘との間に、1本、人間対人間という、いい頃合の緊張の線が引かれたからだと思います。

これが、「ねぇ、ちょっと話さない？」だと、この線は生まれなかったでしょう。私も娘も「インタビュー」という言葉を前に、いつもの母と娘という馴れ合いの関係から、人間対人間の関係に変ったのでした。

こういう関係は日常の中では、まずもてません。娘を客観視できるシチュエーションは、参観日とか発表会とか作文などがありますが、対話するというシチュエーションはありません。

誰でも家での顔と外での顔は違うと思います。外でいい顔をして、一番身近な家族の前では、どんな姿を見せてもかまわないと思い、相手に気を遣ったり、心配りをすることを忘れがちになります。

そして、親は勝手に「娘はこんな子だ」と決めつけてしまい、それによって娘は「私のことを理解してくれない」とストレスを抱えながら、そこで深く語り合うことなく、慌しく日常は流れていきます。

今回、娘にインタビューするという機会を与えられて、身近な人にこそ、「インタビュー」が必要だと思いました。近すぎてわかったつもりになっているだけで、実は全然見えていないことがわかったからです。

特に、日々成長している娘は、毎日いろいろな経験を積み重ねています。そこで、わかり合えているつもりに親がなっていても、それは全然違って、どんどん2人の間に溝ができてしまい、気が付いた時には、その溝を修復するのに、多くの時間と労力を要すると思います。血がつながっていても、完全にわかり合えるとは思っていません。でも、娘にしてみれば、親の私が自分のことをわかろうとしてくれているというのは、嫌なことではないと思います。

あらためて親子で話す照れくささを「インタビュー」は取り払ってくれました。一番大切な身近な人にこそ、この「インタビュー」をして、自分の見方を常に修正する必要があると思いました。

らくだの目

「親子の話し合いが大事」と言っても、どうしても、親が子どもに説教するパターンになりがちです。そんな話にうんざりしているのが子どもですから、なかなか親から話をすることができません。それならと、今度は子どもの話を聞こうとして、何かを言わせようとすると、子どもは口を閉ざしてしまいます。ですから、そんな親子関係に「インタビューを持ち込めば…」と思うのです。一緒に暮らしているから、こんなわかりきったことと思っていることでも、とりあえず聞いてみると、思わぬ返事が返ってくるでしょう。聞きたいことを聞くのではなく、子どもの話したいことに寄り添って聞いていくことで、そこから新たなコミュニケーションが始まっていくのです。

子ども・くらし
インタビュー

あんな、僕って、30人くらい友達いてるねんで。

家族構成
父、母、姉3人
(高3、高1、中3)
祖父、祖母

住居環境
一戸建て
(2棟)

藤井 雄記（ふじい ゆうき）くん
大阪府大阪市　8歳（小3）

空手・書道
少年ラグビー
メリーキッズ
(学習塾)

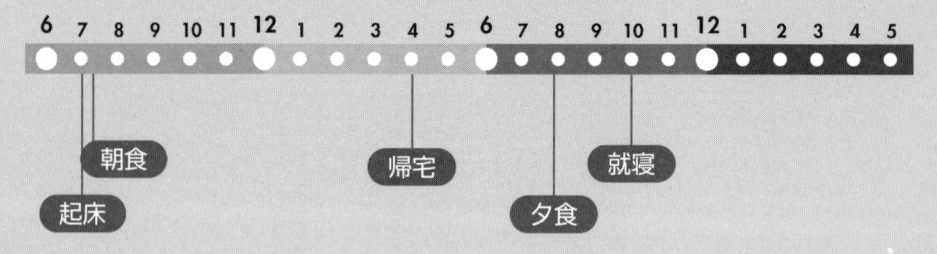

TIME TABLE

| 6 | 7 | 8 | 9 | 10 | 11 | 12 | 1 | 2 | 3 | 4 | 5 | 6 | 7 | 8 | 9 | 10 | 11 | 12 | 1 | 2 | 3 | 4 | 5 |

起床（6）／朝食（7）／帰宅（4）／夕食（6）／就寝（10）

インタビューした人
立野由美子（メリーキッズの指導者）

インタビュー周辺情報
インタビューは2004年7月23日、教室で勉強が終わったあとに行った。この日は土曜日だったので、ゆっくり時間をとり、昼食を挟んで約2時間くらい話した。

起きる

——雄記君は、朝はどうして起きてる？

1人で起きれる時と、ママに起こしてもらう時とある…。

——ふ～ん、じゃあ、だいたいはどっち？

そ～やなあ、勝手に起きれるのは1、2回かな、あとはベルが鳴るから…。

——ベルって、目覚まし時計使ってるんだ？

うん、ええっと、僕が寝てるベッドのとこから1メートルくらい離れたとこに時計置いてるねんけど、時々なんでか知らんけど、止めてしもて、鳴らへんねん。そんで遅刻しそうになった時は、ママが僕を起こしてくれるねん。

——ええ～、途中で時計止めるの？

うん、なんでかはわかれへんけど、朝になっても鳴らへん時があるねん。

——ふ～ん、それで雄記君は、いつも何時頃に起きてるの？

え～と、7時に起きて、7時20分にうち出るかな…。

——ええ～、そんなに早く用意できて学校に行ってるの。すごいね？

うん、トイレ1番、着替え2番、ご飯3番、そんで学校行く。

——ホントに20分で全部できるの？

10分でやる時もあるで。その時は、おにぎり半分だけ食べて学校行くねん。

——へえ～、ホントにお昼までそれだけで大丈夫なの？

うん、だって、早く行ってグランドで遊びたいから。ぜ～んぜん、大丈夫！

——なんで、そんなに急いでるの？

だって、僕学校大好きやから早く行きたいねん。今、ドッジに燃えてんねん。はよ行って場所取りするから、朝は、はよ行かんと忙しいねんやんか…。

——でも雄記君、そんなに急いで行って、忘れ物とかしない？

▼インタビューから見えてきたこと▼

・自室で1人で寝るようになって、目覚まし時計を使ったりして、1人で起きるための準備を本人なりに努力していることが感じられたが、成功率はまだまだで、結局はお母さんに起こしてもらっているようだ。

・朝の支度に時間をかけていないのには驚いたが、本人なりに手順を考えて、毎朝の出来事が、スムースに流れる工夫をしているのがわかった。

え、あっ、まあ、でも、ママが届けてくれるから、僕は忘れ物したことないも〜ん…。ぜ〜んぜん、大丈夫！
——へえ、そうか、じゃ、忘れ物はいつもお母さんが届けてくれるんだ？
ふ〜ん、え〜と、そやな〜、持ってきてくれるかな…。
——かな〜？って、もしかしてそれって、雄記君は、忘れ物をしてるのかどうか、知らないんじゃないの？
えっ、ああ〜、まあ、いいからいいから…。そうやな、あんまり知らん時があるかな…。
——雄記君は学校の用意とかをする時は、全部、自分で用意してる？
するよ！　あったりまえやん。自分でせえへんかったらあかんやんか。
——そうか、じゃ、それは、前の日にするの？
うん、宿題とかしたら、そのあとでする。でもな、僕な、急いでる時もあるねんて…。
——急いでるって、そのあとに、どこかに行く時とかの意味？
うん、だって、友達と遊ぶやろ。それから「メリーキッズ」にも来るやろ、木曜日は2つあるし、夜は空手も行くし…。
——わかった、たくさんやることがあるから、忘れるのかな？
そうそう、いっぱいやから…。
——いっぱいあるのは困ったね、ところで、雄記君が1人でできることは何かな？
えっ、1人…？　う〜んと、あっれ〜、ええ〜、わからへん…。ご飯1人で食べられるとかかな…？　う〜ん、わからへん！

着る

——雄記君は、朝起きて着る服とかは、どうしてる？
う〜んとな、ハンガーに学校の服が掛けてあるから、僕は、それ着るねん。
——じゃあ、学校の服って、雄記君が夜寝る時に自分

・「1人でできることって何かある？」と聞くと、「う〜ん」としばらく考えて、忘れ物もママが届けてくれるから「何もない！」とのこと。このやり取りがきっかけで、「1人でできることがないかな〜」と自問自答。何かないかと一所懸命に考え始めたようだった。

で用意しとくの？

あんな、それな、学校から帰ってきた時に、自分でズボンハンガーに吊ってるねん。忘れた時は朝するけど…。

――ええー、朝…？

まあ、いいやんか、朝になったら服が掛かってるねん…。

――へえ〜、不思議な服やね…？

エヘヘ…、忘れる時もあるって…。

――雄記君は、制服以外で、自分の着る服は自分で決めるの？

僕の服が入ってる洋服入れから出して、自分で好きなん出して着るけど…。なんで…？

――じゃあ、雄記君は、好きな服があるんだ？

うん、あんな、ネズミ色のシャツと空手のTシャツ。あっ、今日、着てるやつやんか。

――へええ、今日の服が好きなんや、カッコイイね。

うん、これは空手のやつやで…。

――ねえねえ、お姉ちゃんとかが、雄記君の選んだ服見て、何か言うことってある？

「ダッサ〜」ってお姉ちゃんに言われることある…。

――へえ〜、お姉ちゃんに。なんで？

うん、あのな、お姉ちゃんは、着るものにちょっと几帳面やねん。

――えっ、几帳面って？

う〜んと、それは…、あの、「ちゃんと着いいや」って、ちょっとうるさいねん…。

――それで、お姉ちゃんと喧嘩するの？

喧嘩ちゃう（違う）けど、ちょっとな…、あの〜、僕の好きな服と、もう1個のやつやけど、それは寝間着やねんけど、僕の好きなやつとよ〜（よく）似てて、間違って着たことあるねん。

――へえー、その時、どうしたの？

「ちゃうやんか」って、お姉ちゃんにメチャメチャ言われて、服、取られて脱がされてん。

――わあ〜、大変やったね？

うん、そうやねん…。お姉ちゃん、「バンバンバ〜ン」

・制服があるので、帰宅するとまず一番に明日の準備のため、服は決められたところに置くことが日課になっているが、なぜかそれでも忘れるらしい…。

・自分の好きな服を着たいという気持ちと、自分で決められるという気持ちがあるのが、よくわかった。しかしチグハグな服を着ることが時々あるらしく、その時には姉たちからクレームがつくようで、意外に本人もこのことを気にしているようだった。

・ここで、チグハグの原因がわかった。好きな服と、パジャマが似ているというのには、大笑い。外には着ていかないように注意されているらしいのだが、ネズミ色のシャツがやっぱり一番のお気に入りなので、ついつい着たくなるのだそうだ。

って言うて服取るねんで！
——お姉ちゃんに、手伝ってってお願いしたりはせえへんの？
あんな、お姉ちゃんな、手伝ってくれるけどな、でもな〜、すぐにな〜、怒るねんやんか…。
——どうして？　じゃあ、雄記君が「怒らないで」ってお願いしたらいいじゃない？
あんな、でもな…、ええねん。僕の好きなんはもう決まってるから。
——そうか、空手のTシャツとかやね？
うん、だから、いいの、いいの…。

⚽ 遊ぶ

——雄記君の好きな遊びって、どんなの？
う〜んと、家やったらテレビ見るし、学校やったらドッジボールかな！
——そうそう、毎朝、雄記君が早く学校に行くのは、ドッジボールに燃えてるからやったね？
うん、ドッジボール大好きやねん。まっ、時々は鬼ごっこもするけど。
——へえー、鬼ごっこも好きなんだ。なんで？
う〜んと、僕、追いかけるのとか大好きやから。
——追いかけるって、走るのが大好きってこと？
そうやで、メッチャ速いねんから。バーッて走ったらすごいねんで。あんな、ラグビーも行ってんねん。
——へえ〜、ラグビーも？　雄記君って、走るのが得意なんだね？
うん、いっつも、速いって言われてるもん！
——あのさ、ラグビーって、ボールは後ろ向いて放って、でも走るのは前って、知ってた？
はあ、なんって？　あの、まだ1回しか行ってないから…。
ええっ、そうなん。ふ〜ん、ちょっとまだ考えてんねん…。
——そうか、難しい？
だから、あんな、パパがな、行け〜って叫ぶねん。今

・テレビを見ると言いながらも、あんまり話題には出てこなかった。その分、外遊びで得意なことなどが、たくさん出てきた。

・ラグビーを始めたばかりの雄記君。走るのが得意な彼に、後ろに向けてボールを渡しながら、前へ走るというラグビーの話は不思議だったようで、「まだ、よ〜わからん」を連発していた。

度行ったら、大丈夫やと思うわ。
──ラグビーは、何回くらい行ったの？
まだ、1回しか行ってないけど、いっぱい走れたから…おもしろかったと思う…。
──そうか、じゃあ、またいっぱいおもしろくなったら教えてね。
うん、先生も来たらええねん。
──ありがとう。今度は、雄記君が友達と遊ぶ時とかは、どうしてるか教えてくれる？ お友達を誘ったり、遊ぶ約束とかするの？
うん、する。学校で約束する時もあるけど、帰ってから、直接、家に誘いに行って、遊ぶ時もあるし、違う学校の友達とも遊ぶ時もあるで。あんな、僕って、30人くらい友達いてるねんで。
──へぇー、そんなにいるの？
学校にも「メリーキッズ」にも友達いてるから。全部数えたら、それくらいはいるで。
──そうか、いっぱいいるんやね？
だって、幼稚園の時のとか、学校やろ、空手やろ、カブスカウトやろ、そんで「メリーキッズ」やろ…。ああっ、習字も…。ほら、いっぱいいるやんか。先生、知らんかったん？
──失礼しました。それで、先生は雄記君の何？ ちょっと教えてくれる？
ええっ、う〜ん、そやな、先生は先生やけど、まあ、友達でもいいし…。
──そうか…、どうもありがとう！

食べる

──晩ご飯は、いつも誰と食べてるか聞かせてくれる？
うんと、みんなで食べるで。
──みんなって？
お姉ちゃんと僕とパパと、ママ…、あっ、お姉ちゃん、1人だけいつもいないこともあるけど。

・私学に通っているため、校区の友達と少し活動時間が違ったりする。その分、自分から積極的に誘いかけて遊んでいるのがわかった。近所にも友達がいるのは、学校外の活動に参加していることともつながっているからだろう。

・友達がいっぱいいるのが、嬉しいという雄記君。遊び場と同様に、習い事の場も社交場としての役割を担っているのかもしれないと思った。

・大家族の食卓が想像できたが、その中で、本人が一番小さいということを気にしているのが、伝わってきた。

――大きいお姉ちゃんが、いないの？
そう、あっ、でもいつもとはちゃうけど…、あっ、でも、やっぱり、いてない時もある。
――おじいちゃんとおばあちゃんは、一緒じゃないの？
うん、もうとっくに食べてるから…。
――一緒には食べないの？
うん、だってご飯食べる時間が早いねんもん。
――そうか、でも、雄記君が食べたいな〜とかない？
ええっ、僕だけ？
――うん、たとえば日曜日とか、ママがいない時とか…。
あんな、ママとパパが出掛けていてない時は、チャーちゃん（祖母）がご飯つくってくれるから、その時は食べる。
――そうか、雄記君まだ1人でとかは、ご飯のことでけへんもんね？
でもマクド（ナルド）とか、買いもんは行けるけど…。
――晩ご飯やし、やっぱり、マクドとちゃうのがええよね？
うん、**僕はええけど、みんながええって言わへんやろなあ**…。
――そうそう、雄記君とこはたくさんやけど、みんなでご飯食べるって、どんな感じ？
うるさいで〜！
――誰が？
僕ちゃうって！
――そお〜？　雄記君が静かに食べる？
う〜ん、まあ、ちょっとうるさいかな。でも、お姉ちゃんたちは、僕よりも、もっと、すご〜いうるさいで！
――誰が静かなん…？
えっ、う〜ん、パパも声でかいし…、あっ、おらへんかな…。

・3世代が一緒にいても、食事を一緒にする機会が意外に得られないことがわかった。お年寄りの生活時間帯が早いのに対して、若年層の生活時間がフレキシブル過ぎるのか、と考えてしまう。

・ここでも1人でできることが、テーマになった。家族の中で一番小さい彼は、今まで1人で物事をする必要性があまりなかったことが伝わってきた。今ようやく、「買い物」など、具体的な手伝いがしてみたいという気持ちになってきたようだ。

・話している中で、上の3人のお姉ちゃんとの競り合いが出てくるが、とても太刀打ちできないのも現実で、いつも背伸びしている様子が、会話の中に頻繁に出てきていた。

その他

――今日は、いろいろ話してくれたけど、雄記君が1人

でできることって、何か思いついた？
う～ん、そうやな、服は1人で着れるな～。あっ、忘れてたけど、朝ご飯はつくれるのがあるわ！
──え、何、何？
トースト、焼ける！
──トーストって、トースターが勝手に焼いてくれるでしょ？
ちゃうで、先生。あんな、パンを入れて、それで焼けたら、こうして、出して…、それで食べれるようにするねんやん。
──そうか、じゃ、雄記君が、食べるパンの用意ができるってことやね。
そうやで、すごいやろ、自分で用意できるで。
──じゃあ、これから、自分で朝ご飯の用意するのはどう？
ええっ、う～ん、そやな～考えとくわ。
──雄記君が、1人でできること探すのって、なかなか難しいね？
そうやんな、ママがいっぱい手伝ってくれるから、お手伝いせんでも大丈夫かなって思うけど…、まあ、お使いとか、先生、僕行けるで。買ってきて欲しいの言うてくれたら、行ったげるし…。
──ありがとう、でもママが手伝ってくれるって、何してもらってるの？
えっ、あの、まあ、寝る時とか…。
──ママと、一緒に寝てるん？
ちゃうやん、あのな、ママがな、寝る時に絵本を読んでくれるねん。僕な、でもな、何読んでくれたか、全然覚えてないねん。
──えっ、なんで覚えてないの？
だって、ママが本読んでくれたら、僕、もうすぐに寝るから、な～んにも覚えてないねん。
──ママに言わへんの？
だって、本読むのはママの楽しみやもん。ママが好きなやつを読んでるから。

・自分でできることがようやく見つかったと、すごくいい顔だった。「トースト」のことは、ちょっと自慢。

・自分ができることを、他の人のために使うという提案を聞いて、「お手伝い」のことを、ちょっと真剣に考え始めた様子だった。

・就寝前の時間にお母さんが「絵本を読んでくれる」というのを、最初は嬉しそうに話していたが、ちょっと、恥ずかしかったのか、話は全然違う方向へと進展してしまった。

子どもの感想

――いろいろ聞かれてどうやった？
いっぱいしゃべってしもた。先生に言われて、「1人でできること」ず〜っと考えたけど、わからへんかった。

――楽しかった？
う〜んと、ちょっと緊張したやんか。お姉ちゃんが来た時びっくりした。先生とマクド食べたのがよかった。買い物は行ったげた…。あっ、そうや、僕「お使い」行けるやんか…。

親の感想

　インタビューのまとめを聞いて、一番先に思ったことは、「何も考えていないと思っていたけれど、大間違いだったなあ」ということです。
　姉たち3人に囲まれ、そのうえおじいちゃんやおばあちゃんもすぐ近くにいますから、本人が「ああっ〜」と、ほんのちょっとアクションを起こしそうになるだけで、言葉にしなくても事が足りてしまうことがあります。
　本当に本人が手伝って欲しいかどうかを確かめることもなく、そんなことおかまいなしに「助け船」（ひょっとすると助けてないのかもしれませんが…）が、入ってそれでおしまい…。「助け船」が多いため、最後までやり遂げることが、どうしてもないままで終わっている…というのも気になることの1つでした。
　ですから、1人でできる事を聞かれて、何も答えられなかった彼の様子にちょっとドキッと、普段の生活空間を思い直してみました。実際はできている事もあるのに、思いつかなかったのは無意識でやっているからかなあ…と、思ったりもしました。
　でも、インタビューをしてもらってから、彼なりに「これだって、1人でできるよなあ…」とつぶやきながら、家で1人、何かをしている姿を何度か目にしました。少し意識が芽生えてきたんだと思い、おかしくなりました。
　遊びについての質問には、想像のつく答えをしていたようです。ただ、最近始めたラグビーについて「少し考えている」と答えていたのは、実際やってみて「楽しかった」と大変喜んでいたみたいだったので、意外でした。
　友人についても、姉たちについても、常に自分の存在を周りに知らしめるべく行動に出ているのだと思える節が、実生活でもいくつもあって、それが彼の根底にあるものだと言ってもいいのではないかと思いました。
　十分に説明ができなくて、時には乱暴したり暴言を吐いたり…、まだまだ行き違いが起こることもあるだろうと思いますが、ぶつかるくらいのほうがきっといいなって…。そばで見ていると、混乱しているように思える姉弟のぶつかりも、年齢差のある大家族のよさかなと思います。
　最近、少し今までとは違ってきた彼について、ますます見直さなければならないかなあ…とも感じたインタビューでした。これからの彼とのつき合いが、楽しみになりました。

インタビュアーの感想

　大家族で、上に3人の大きな年齢差のあるお姉ちゃんたちに囲まれ、また、同じ敷地には祖父母も住んでおられるという、末っ子の雄記君。男の兄弟がいないので、3人のお姉ちゃんたちは、雄記君がかわいいけど、彼の乱暴な言葉使いや、振る舞いに立腹することもしばしばです。

　本人は本人で、やることなすこと、ことごとく負けるのが悔しい…、そんな環境の中にいる雄記君とじっくり話してみて、お姉ちゃんや、お母さんが一緒の時とはまるで違う、おっとりとした一面が伝わってきました。

　話している時、ふとしたきっかけで「1人でできること」がキーワードになったのですが、結構強気の雄記君は、末っ子というポジションをうまく使ってか、教室でもお母さんや、お姉さんに手伝ってもらう（手足に使う？）場面がよく見られたので、できないからやってもらっているのか、甘えているのかを聞いていくうちに、本人が真剣に生活の中で、できていることを思い出そうと一所懸命になり、話が展開していきました。

　インタビューの最中に、たまたまお姉ちゃんが教室にやってきた途端、照れてしまって話ができず、見かねたお姉ちゃんが退散するという場面もありました。

　今回は2人きりで話したので、この時はお姉ちゃんを牽制する必要もないし、お母さんの顔色を気にすることもなかったので、普段とは違い、別人のようにゆっくりと話せたのにはびっくりでした。

　また途中で、お昼を買いに行ってくれたりと、親切にしてくれました。インタビューが終わったあとも、なかなか帰宅せずに、長い時間教室にいて郵便を出しに行ってくれたりもしました。家では、なかなか出番がないのかもしれないなあと思ったりしました。

らくだの目

　インタビュアーの感想に、「お姉ちゃんが教室にやってきた途端、照れてしまって話ができず、見かねたお姉ちゃんが退散するという場面があった」と書いてありましたが、話している時に、そこに誰がいるかでその人が変わってしまうというのは、ものすごく自然なことだと思うのです。お母さんにしても、夫だけといる時と、学校の先生といる時と、子どもといる時と同じ自分であるわけがないからです。

　私は小さい時は「内弁慶」と言われていました。外に出ると静かで、「こんなおとなしい子はいない」と言われていたのに、家の中では傍若無人に振る舞っていました。そして、祖母には、「くそばばあ」とよく悪態をついていましたから、「自分は二重人格なのではないか」と悩んだことがあるのですが、その人のその人らしさは関係の中で決まるのだと思います。

　いろいろな方からのインタビューを受けてみると、インタビューする人次第で、さまざまな自分と出会えますから、「自分はこんな人間」と決めつけることができなくなります。

子ども・くらし
インタビュー

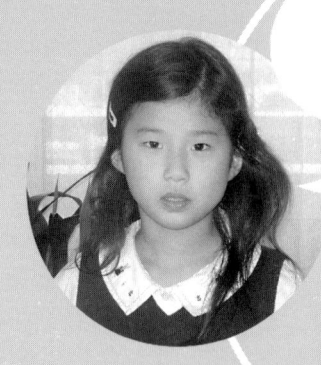

嫌なことがあったら暗い感じになるから、それのいいところを見つけるんよ。

家族構成
父、母、弟(5歳)

まつだ　さくら
松田 桜さん
岡山県岡山市 9歳 (小4)

住居環境
マンション

新体操
すくーるふたば
(学習塾)

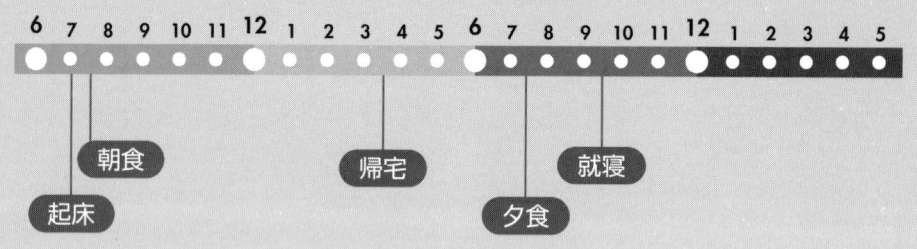

TIME TABLE

6 7 8 9 10 11 12 1 2 3 4 5 6 7 8 9 10 11 12 1 2 3 4 5

- 起床
- 朝食
- 帰宅
- 夕食
- 就寝

インタビューした人
　小西稔子（すくーるふたばの指導者）
　母親とは、「INAHOアイネット」という教育を考えるネットワークで一緒に活動している。

インタビュー周辺情報
　すくーるふたばでプリント学習が終ってちょっと一息ついたとき、午後6時くらいからインタビューを開始。2004年6月8日。

90

起きる

▼ インタビューから 見えてきたこと ▼

――朝はどうやって起きるの？
自分で勝手に目が覚めるけど、いっつも2度寝するんよ。
――2度寝？　最初は何時に起きるの？
最初は5時半で、2回目は6時半って、だいたい決まっている。本当は1度目で起きたいと思っているんだけど、また寝ちゃう。
――どうして、最初の時に起きようと思うの？
早く起きたら、朝、ゆっくりできるでしょ。
――早く起きて何かしたいことあるの？
本を読む。「かいだんレストラン」っていう怖い話。怖い話が大好きなんだもん。
――でも、寝ちゃうのはどうして？
なんかね、1回上を向いて、ちゃんと起きないとまた寝ちゃうの。横向いているとまた寝ちゃう。
――へえ～。そのまま寝ちゃったりしないの？
うん、だいたい大丈夫。前はお誕生日にプレゼントでもらった目覚まし時計をセットしていたんだけど、落として壊れちゃった。
――目覚し時計をかけていたこともあったんだ？
その時計、お友達が勝手にくれたの。犬の目覚まし時計だったんよ。犬が好きだから。
――そうか、その時は何時にセットしていたの？
最初は6時だったけど、6時半に変えた。
――目覚まし時計を直そうとはしなかったの？
1回直したけど、いろいろ他も壊れてダメだった。
――それであきらめたんだ。じゃあ、起きた時にすぐすることは何？
ボーッとしてる。
――どれくらいの時間、ボーッとしてるの？
いつの間にか10分くらい経ってる。
――その時はどんなこと考えてるの？
普通の日は、朝起きて、眠たいなあって思う。でも、

休みの日は6時半に起きてる。
　――早いねえ。普通の時は何時？
うーん、7時くらい。おばあちゃんの家に行ったら、5時半とか6時に起きるんだよ。
　――へぇー、どうして？
わからんけど、違うおうちだから早く起きちゃう。おばあちゃんは早起きだし。その時は、朝、らくちゃん（らくだのプリント）をするんだよ。
　――どこに行くのにもらくだ教材を持っていくの？
うん、でも「山の学校」とかには持っていかないけどね。だいたいは持っていく。
　――それはどうして？
だって、いっつもしたいから。
　――普通の日は、眠いなあと考えて、それからどうするの？
その次は、学校に遅れないかな～とか。
　――へぇー、どうして？
なんとなく心配。遅れたことはないけど。それから、忘れ物してないかなって心配。心配してる時は忘れ物しないんだけど。心配してない時に忘れ物する時があるよ。
　――そうか、心配するのを忘れている時に、忘れ物するんだ。
そうそう。そしてね、今日、体育あるかなあって思う。だって高跳びが嫌なんだ。体育は好きなんだけど、高跳びが苦手。90センチは跳べるけど、跳ぶ時、いっつもドキドキして嫌なんよ。
　――ふーん、ドキドキするの嫌なの？
うん、ドキドキしてお腹が痛くなったことがあった。でも嬉しいドキドキと、嫌なドキドキがあるよ。
　――そうか、お腹が痛くなったこともあったんだ。他にもドキドキすることある？
歌のテストがある時もちょっと嫌だな。
　――どうして？
先生が厳しいもん。上手に歌わないとダメだもん。で

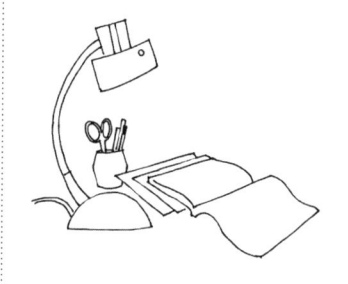

・思ったよりも心配性なんだな、と思った。ドキドキしてお腹が痛くなるとは意外だった。

も、嫌なことがあったら暗い感じになるから、それのいいところを見つけるんよ。
——へえー、たとえば、どんな？
うーんとね、1日のうちの好きな科目のことを考えたり、明日の楽しいことを考えたり、帰ったらいいことがあるかな、って考える。だって、暗くなったら怖いもん。暗いままだったら、もっと嫌なことを考えてしまうし、だんだんそれの倍くらい、もっと嫌な感じになってくるから。
——そうか、そういう時はどうするの？
そういう時は今のとこないけど。

着る

——着る服は誰が決めるの？
えっとね、学校に行く時は、制服というか、服の色が決まっている。
——制服があるんだ。起きたらすぐに制服を着るの？
ちょっと、ボーッとしてから着るの。それからご飯を食べる。だって、食べている時にピンポーンってお友達が来たら、パジャマのままでは困るでしょ。それから、お休みの時は、自分で服を決めるよ。
——どうやって決めるの？
まず一番に、外に出て温度を確かめて、それに合わせて決める。寒かったら長袖で、暑かったら半袖とか。
——ふーん。服がある場所は決まっているの？
うん、服は、一番広い部屋のタンスの4番目が私の引き出し。そこにお母さんが服を入れてくれている。
——そうか、服がある場所はちゃんと決まっているんだ。それじゃあ、着たい服はすぐ決まるの？
ううん、服を決めるのにすごい迷うんよ。なんかね、半袖が3枚あって、どれにしようかなって迷う。だってね、3枚しかないから、今日着たら洗濯しないといけないから、明日のこととかも考えて決めてる。でも、ぱっと目についたものを着るよ。

・「嫌なこと→暗くなる→怖くなる」と感じていることがわかった。そうなると、もっと嫌なことを考えてしまう、という自分の傾向をちゃんとわかっていて、そんな時は、そのことのいいところを見つける、という工夫をしていることを聞いて驚いた。自分のことを、結構客観的に見ることができている。

・「3枚しかない」という枠があることで、今日の状況と、先の予測も把握しながらどれにするか自分で決める、ということを意識していることに驚いた。

——どんな服が好き？
Tシャツみたいな着やすいのが好き。

⚽ 遊ぶ

——どこでどんな遊びをするの？
そうだなあ、自分の家で遊ぶことが多いよ。
——来る子は決まっている？
うん、だいたい。よく遊ぶ人は4人。3年生の時によく遊んでいた人とはあんまり遊ばなくなった。だって、1人は喧嘩したんよね。
——じゃあ、今一緒に遊んでいるお友達はいつ来るの？
学校終わったらすぐ。学校で約束をして帰るから。
——どうやって遊ぶ日を決めるの？
遊べる日はお稽古がない日で、だいたい月曜日と水曜日と木曜日。その日にみんなが遊びにくるよ。外で鬼ごっことか、かくれんぼとかすることもある。
——鬼ごっことかかくれんぼとかするんだ。何して遊ぶか、どうやって決めるの？
前に遊んだ時には、4人で遊んでて、みんなで遊べて、楽しいっていうのは何かなって考えて、鬼ごっこにしようかなって考えたんよ。でも、鬼1人だと鬼のほうも大変でしょ。それで、鬼2人にしようかなって考えたけど、鬼ごっこだったら足が速い人が勝っちゃうでしょ。だから鬼ごっこはやめたんよ。
——それでどうしたの？
それで「マンションの中庭で、かくれんぼはどう？」って考えたんよ。でも、かくれんぼだと場所が広すぎるから、そこで鬼は2人で、隠れる人も2人ずつにすることにした。2人なら心細くないでしょ。みんないなくなると、シーンとして怖いから。
——いろいろ工夫しているんだ。そんなことを考えたりする人は決まっている？
みんなでいろいろ考えるよ。でも、この前4人で遊んだ

・かわいい服が好きなのかと思っていたら、それよりも、簡単に着られて動きやすい、ということの優先順位のほうが高いらしい。

・決まった人ばかりが勝つのではない工夫をしていることがわかった。

・「かくれんぼ」にしても、いろいろとやりかたを考えてアレンジし、新しいルールをつくって遊んでいることがわかった。桜ちゃんは「こうやったらどう？」とみんなにアイデアを出すことが多いらしい。

時は、私が言って、みんながいいよって。

食べる

――夕食は、いつ頃食べるの？

うーん、時間はあんまり決まってないかな。たまに6時くらいとか。金曜日はだいたい7時半くらい。

――誰と一緒に食べるの？

だいたい、コウヘイ（弟・5歳）とお母さんと3人で食べる。お父さんは食べて帰ったり、遅いから。

――お父さんはあんまりいないんだ。お父さんが食事の時にいなくても、寂しくないの？

寂しくないよ。だって、だいたいそうだもん。

――そうか、朝食の時もお父さんいない？

いる時もあるし、いない時もある。まだ寝ていることもあるよ。

――どこで食べるの？

台所のテーブルで食べる。たまに、外のベランダで食べるんよ。

――外で食べるなんて楽しそう。それは週何回ぐらい？

1カ月に1回くらいかな。

――どんな時に「外で食べよう」って、誰が言うの？

お休みの時にお父さんが言うの。

――どんなものが好き？

早い時間に、ご飯を食べるのが好きかな。

――へぇー、早くご飯の時間になったほうがいいんだ。どうして？

だって、早いほうが嬉しい気分。だってな、コウヘイが、早くご飯を食べるほうがいい子になるんよ。

――いい子って、どういう子のこと？

うーん、言うことをよくきく子。かわいい子。コウヘイ夜遅くなると、ちょっと悪いんだよ。キックとかして。

・弟のことをよく考えている。何が好きか、どんな食べ物がおいしいかというよりも、みんなで和やかに楽しく食べることのほうが、優先順位が高いようだ。

・弟とのぶつかり合いが、桜ちゃんにとっては生活の中で大きな問題らしい。

その他

――どんなことをするのが楽しみ？
プールが楽しみ。平泳ぎが好き。平泳ぎなら、もしかしたら、50メートル泳げるかもしれないもん。
――泳ぐのが好きなんだ。スイミングスクールに入っているの？
ううん、入ってないよ。
――週何回泳いでいるの？
今は学校で3回くらい。
――泳ぐのはいつから好きになった？ 最初から好きだった？
前、住んでたところで、4歳くらいの時からよくプールに連れてってもらって、楽しかったから。でも、泳ぐ時より自由時間が楽しいよ。お友達と滑り台をするのが好き。
――他に好きなことはある？
うーんとね、お友達とのお泊り会が楽しいよ。最初は私の家で、それから友達の家に順番に泊まるんよ。
――へえー、今まで何回泊まった？
うーん、4回くらいかな？
――ふーん、何歳の時から始めたの？
去年からだから8歳の時。それから、楽しいのはおばあちゃんの家。おばあちゃんちにコウヘイと2人で泊まるんよ。
――2人で泊まるんだ。1人で泊まったことはないの？
うん、ないよ。
――1人で泊まってみたい？
うん、1泊だけならね。お母さんが迎えに来てくれるんだったらいいよ。
――おばあちゃんの家では何が楽しい？
おいしいものがいっぱいある。
――どんな？
イチゴとか。それからな、遅く寝れるからいい。
――へえー、何時頃？

最高11時くらいかな。
——ふーん、早く寝なさいとか、うるさいこと言われないんだ？
うん、おばあちゃんもミカンとか食べていて遅いから。でも、遅く寝ても早く起きるんよ。
——なぜ？
だってね、遅く寝たら「明日早く起きれるかな、起きれなかったらどうしよう」と思って早く起きちゃう。
——そうなんだ。これからも泊まりたい家ある？
おばあちゃんの家とミナエちゃん。幼稚園からの仲良しで、岡山では一番の友達なんだけど、まだ泊まったことないから。
——おうちでお手伝いはするの？
お手伝いはそんなにしないけど、時々お風呂のお水をためる係をするよ。
——その係になっているわけではないの？
うん。
——じゃあ、もっと手伝ってみたいことある？
うーんとね、料理をしてみたい。
——へえー、料理もできるんだ。そんなお手伝いをするとしたら、何歳ぐらいからやってみたいと思う？
今でもできるよ。土曜日の朝なら今でもいいよ。
——他には、お風呂掃除とかもするの？
うん、お風呂をゴシゴシ洗ったりもするよ。お母さんが編んだスポンジでキュッキュッキュってするの。
——それって楽しい？
ううん、洗うのが苦手。だって力がいるから疲れるの。
——そのお手伝いは自分だけでもできる？
できるよ。でも、時々お湯を入れる時、「おかあさん、どこのボタン押すんだったっけ」って聞くことがある。

・毎日決まってするお手伝いというのは、まだないようだ。でも、料理には興味をもっていて、やってみたいという気持ちはあると感じた。土曜日の朝の料理とか、お風呂を洗うこととか、部分的に仕事を任せていけそうだ。

子どもの感想

――インタビューされてどうだった？
うーん、こんなこと聞かれたの初めてだった。「何して遊んでる？」っていうのは聞かれたことあるけど、「朝、起きて何を考える？」なんて聞かれたことなかったし、考えたこともなかった。だからちょっと難しくて、考えたよ。おとなの人にそんな話をしたのは初めてだった。もっといろんな人に話を聞いてもらってもいいよ。友達にも聞いてみようかな。

――聞かれていて、こんなこと考えていたのかと、自分で気が付いたことってある？
うーん、なんだか、自分のことがよくわからなかった。
――どうして？
あんまり考えたことなかったから。「朝、起きて何を考える？」とか。でも、朝の時間、結構ボーッとしているんだと思った。
――そうか。それじゃあ、おとなに聞いてみたいことって、出てきた？
うん、お母さんに「朝、起きて何しているの？」って聞いてみたい。

親の感想

インタビューを読んでみて、朝の娘はボーッとしているけれども、頭の中は結構フル回転なんだということがよくわかりました。いろんなことを考えてるんだなあ、とびっくりしました。服を着替える時に外で調べてみることも、これは知りませんでした。

その他にも、嬉しいこと、暗いこと、初めて聞いたようなことがたくさん出てきて、へぇ～の連続でしたね。普段何気なく過ごしているけど、改めて聞いてみると、おもしろい発見があるんですね。どんな話が飛び出すか、私も試してみたくなりました。

学校の様子などは結構聞いてると思うんですが、家でのことはあえて聞いたことがありません。今回、目の前でやっていることでも、あえて聞いてみたらどうなんだろうと思いました。たとえば、寝る時とか、休日家で退屈した時のこととか。

目の前で見えない時のことは、自分が知らないので聞きたくなるけど、自分が見ている分には、特に疑問を感じたことがなかったから、あえてそういうことは聞かないんですね。今回は娘の頭の中の見えない部分に触れたのが、おもしろかったです。

私が思っている以上に、いろんな事を考えているんだ、ということが見えてきて、それが安心につながったというか…、安心という言葉がぴったりかどうかはわからないんですが。

今までは、つい子ども扱いしてしまうところがあったんです。なかなか返事をしない時なんて「じゃあ、こっちにしたら？」と、こっちが勝手に決めてしまう時も結構あって。でも、言葉で言わなくても、その間は頭の中で考えていることが分かると、もう少し待ってみよう、という気になりました。

インタビュアーの感想

　今回は本当に、私の知らない子どもたちの世界が見えてくるのがおもしろくて、「どうして？」「他には？」と突っ込んで聞いていったのですが、やってみて、普段はこんなに聞いていないなあ、私がしゃべるほうが多いかなあ、ということに気づきました。

　普段は自分から言いたいことが浮かんだとしても、とにかくもっと子どもにしゃべってもらって、そのことで子どもが満足したり、勝手に気づいたり考えたりして欲しいと思っているはずなのに、このように「子どもに聞くぞ」とちょっと意識していないと、つい自分のほうがしゃべり過ぎているなあ、と改めて思いました。

　桜ちゃんは、普段から教室でいろいろ話をしてくれるのですが、今回のインタビューではまた雰囲気が違っていました。私自身もこのような機会がないと、教室ではそこまで突っ込んで聞くことはなかったと思います。

　こんなふうに子どもに聞くことから始めて、子どもたちが自分でそれを「考現学（セルフラーニング研究所が実施しているネットワーク型の意見交換文章）」に書くことをやってみたりして、子どもたちと「考現学」の交換、なんていうことも起こったらおもしろいかも。今度は筆談でインタビューをしてみようかな、などと考えています。

　インタビューをやったあと、今度は逆に桜ちゃんにインタビューされるようになりました。「先生がこの塾の仕事をやることになったのはどうして？」と聞かれた時にはちょっと驚きでした。

　さて、私の半生記を桜ちゃんにどのように語るか？　学校の先生をやっていたことや、他の塾の仕事をしていたこともあったけど、教えることが仕事なんじゃなくて、本人が自分で考えてやろうと思うことを応援することが仕事なんだ、と思うようになったんだよという話をしたら、ちゃんと聞いてくれて、「へえー、知らなかった」と言っていました。

　どれだけのことが伝わったのかは定かではありませんが、なんだかまた、桜ちゃんと私の間にかかる橋が太くなっていったような感触を覚えました。こんなふうに子どもと向き合って、聞いたり聞かれたりするのっていいなあ、としみじみと感じたのでした。

らくだの目

　私はインタビューされるのが好きなのですが、それは自分では決して考えたことがないようなことを考えさせてもらえるからです。人は私に予想もしない「問い」を発します。普段考えたことがなくても、聞かれれば、スッとその場で答えると、自分でも思ったことがないようなことを答えている自分に気が付いて、聞かれて初めて、私はこんなことを考えていたのかと不思議な感覚に陥るのですが、情報が私の中から生まれた瞬間です。自分がどんなことを考えたり、思ったりしている人間なのかは、問われて初めて気づけたりするのです。

　そう考えると、聞いてくれる人の存在は貴重です。私はよく、「セルフラーニングは1人ではできない」と言っているのですが、インタビューをし、されるたびにその実感は増すばかりです。

子ども・くらし インタビュー

> 普通のこともそれなりに楽しい。
> なんでも楽しくて幸せな人間なんだよ、私は。

伊藤 千永さん（いとう ちえ）
愛知県豊田市 9歳（小4）

家族構成
父、母、兄（中1）
祖父、祖母

住居環境
一戸建て

工作、よさこいソーランが好き

ピアノ
習字、茶道
すくーる ゑん
（学習塾）

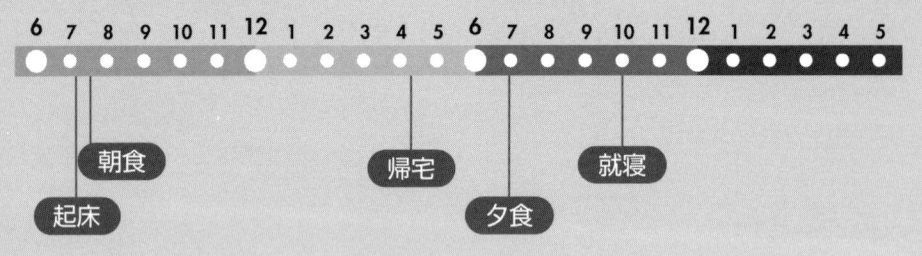

TIME TABLE

| 6 | 7 | 8 | 9 | 10 | 11 | 12 | 1 | 2 | 3 | 4 | 5 | 6 | 7 | 8 | 9 | 10 | 11 | 12 | 1 | 2 | 3 | 4 | 5 |

- 起床：6時
- 朝食：7時
- 帰宅：4時
- 夕食：6時
- 就寝：10時

インタビューした人
　伊藤葉子（母、すくーる ゑんの指導者）

インタビュー周辺情報
　ぽっと空いた時間にインタビュー。自宅居間、和食のお店、車の中、布団の中など。居間は全部で28分間、2004年5月15、16、27日、6月4日。（2004年5月30日お店で10分間、6月26日布団の中で5分間、6月27日車の中で5分間）

100

起きる

▼ インタビューから
　見えてきたこと ▼

──朝起きて、すぐどうする？
ごろごろする。急ぐ時はすぐ起きる。
──急ぐかどうかは、どうやって決めるの？
お母さんからお呼びがかかるまで、ごろごろしてる。朝、お母さんがいない時や、お弁当をつくるのを手伝う時とか、やりたいことがあれば1人で起きる。
──そうか、お母さんがいないと急いで起きるんだ？
うん。…そうだね。
──ごろごろしている時はどんな感じ？
何も考えてない。意識がない。喉が渇いたなあ〜、お腹空いたなあ〜って、待ってる時もある。
──1人で起きたい？
ううん、お母さんの「朝だよ」っていう、自信のないようなビミョーな声を聞くとシャキッとする。起こす人がいるから1人で起きなくていい。
──いつまでお母さんに起こしてもらうの？
おとなになるまで。自分で起きるのは面倒くさい。
──お母さんがいないと、1人で起きれるんでしょ？
うん…たいていはね。できると思う。でも、それが続くとできなくなると思うよ。
──何か、お母さんが、毎朝出掛けていなくなるんじゃないかと警戒してない？
してる。
──お母さんが、朝早くから働きに行っている子もいるんじゃない？
そういうのならいいよ。
──そういう時は、自分で起きれそうな気がするんだ？
うん。そういう時は、前の日の夜にはちゃんと言っておいてね。目覚ましをかけなくちゃいけないから。でもそういう時は、お兄ちゃんが起こしてくれるかもしれないな。今までも起こしてくれたことがあったから。うちの人がいないと、お兄ちゃん、意外と優しかったりするんだよ。

・我が子である。起きるきっかけを母親に委ねているようだ。そういえば、兄（中1）には「起こして欲しいか」「何時までに起きてこなかったら声をかけるか」と何度か確認したのだが、千永とはあまり話していなかった。

・自立起床をしつけられていないことに引け目があるのと、命令でない声掛けに、毎回なんとなく緊張しているのが伝わっていたんだと思った。

・お母さんが「仕事」でいないなら我慢ができるけど、それ以外は認めたくないようだ。千永の中では「仕事」の地位が高いのかな？朝の不在はめったにないことだが、そういう時は不満だったんだなと思った。

・普段は何かと兄に当たられ、よくもめているのだが、千永の口からはっきりと「優しい」という言葉が出たのには、驚きと同時に嬉しくもあった。

――歯磨きとかはいつしてるの？
（はっとした顔で）これ、どこかで発表するんでしょ？
――でも、ほら名前書くところないし。
お母さんの名前を書くところは？
――ある。
そしたら、すぐに私だってわかっちゃうじゃない。
――じゃあ、発表しないから（のちにOKが出ました）。
朝の歯磨きはほとんどしてない。
――朝、いつも洗面所に行ってるけど？
あれは髪の毛をやってる。
――夜は言われなくても毎日磨いているじゃない？
だって虫歯になりたくないもん。
――けさ、ランドセルの中身を入れ直してたね。いつも時間割の順番どおりに入れてるの？
うん、そうしないと次の授業の用意がすぐにできなくて困る。
――時間割は、夜合わせる時と朝とどっちが多い？
夜のほうが多いよ。それがきちんとした生活なの。最近は朝合わせる時もあるけど、ちょっと生活が乱れている。

・歯磨きの件は、全然気が付かなかったのでびっくり。自分の判断を優先してできるだけ手を抜きたいけれど、世間の常識を外れていることを人にどう思われるか、とても気にしているようだ。

・自分が困ることは言われなくてもやっていた。登校で家を出る時も、通学班の集合時間に間に合うように自分で見計らっている。

・「ちゃっかり」「世間体が大事」「甘え上手」という性格が、朝の行動に詰まっていたのには驚きだった。

着る

――朝起きて、着るものをどうやって決めますか？
お母さんに決めてもらう。休日は、お母さんに着るものを「出せ、出せ」って言われるから自分で出す。
――お母さんの出した服は何でも着る？
ううん、気に入らないと自分で出す。
――気に入らない時って、どんな感じ？
ちょっとムッとくる。
――何が気に入らない時が多い？ 組み合わせ？
服自体が嫌いな時が多い。スカートをはきたくないのに、お母さんはスカートばっかり出すし…。
――スカート、どうして嫌なの？
スースーして足が動かしにくい。
――自分で着る服を決めた時はどんな感じ？

・私の出した服が気に入らなければ自分で出すようになるかと思って、私の好みと都合で服を出しているのだが、あまり効果はないみたいだ。

・学校にはまずスカートをはいて行かないので、「スカートばっかり」出してはいないのだが、千永にはそういう感覚なのかなと思った。

まっ、こんな感じでしょ、って感じ。
——自分で決めたほうがいいんじゃないの？
面倒くさい。かわいい服やカッコイイ服を、あんまり持ってないし…。
——かわいい服、欲しい？
うん、欲しい。
——あんまりおねだりしないけど？
今の服、高いから。
——遠慮しているの？
してない。欲しい時は欲しいって言ってるし。時々買ってもらってるし。かわいいと思う服をあんまり売ってないし。私、持ってる服の数は多いでしょ。すご〜く服が欲しいわけじゃない。ちょこちょことお気に入りの服があるからそれでいい。
——そういえば、お母さん、勝手に千永の服買ってくるよね。一緒に選びたい？
うん、選びたい。でもいいよ。今度は下にはくズボンを買ってきてね。上は結構あるから。
——もし、子ども服売り場に行って、「好きな服を買っていいよ」って言われたら、どんな服を買ってもらう？
まず（身を乗り出し）、ズボンはラメの星のついたGパン、白いワンポイントの靴下、ローラーシューズ、ウィンドブレーカーの素材でスキッとした前開きの長いベージュの上着の下に、青い星が胸のところに横に並んだTシャツ…（と、嬉しそうに帽子、アクセサリーやバッグまでかなりこと細かく一気にしゃべりました）。

・休日に千永が服を選ぶと、なかなか奇抜な組み合わせを考え、楽しそうに見えていたのだが…。

・服に限らず、1000円以上は高いという感覚があるようだ。そういえば、何かをねだられて困ったことはない。

・服が気に入らなくてよくブツブツ言っていたのだが、結局「お気に入りもあるからこれでいい」となったのは意外だった。

・マンガを読むのが好きで、イラストのような絵をよく描いている。喜々として全身のファッションを詳細に（バッグの3つの星は真中が大きい等）話す様子には驚いた。本当は興味があるんだなと思った。

⚽ 遊ぶ

——遊ぶ時は、いつどこでどんな遊びをしますか？
公園やお友達の家。公園では鬼ごっこ、かくれんぼ。誰かの家ならおしゃべりとか。
——最近自分の家ではお友達と遊ばないね。
3年の時は、みんなの知ってる家がうちだけだったし、私が一番離れているからうちで遊ぶことになった。

——誰かの家で遊ぼうって、どうやって決まるの？
誘ったり、誘われたり。
——断わる時もあるの？
ある。疲れた時や宿題が多い時、他の子と約束している時。
——家で遊ぶ時のお気に入りのおもちゃとかある？
パズルパーフェクション（ゲーム）。それと、ぬいぐるみの○○さん、○○くん。でもこれは名前書かないでね。恥ずかしいから。
——何が恥ずかしいの？
だって、4年にもなって、ぬいぐるみで遊んでいるなんて恥ずかしいよ。
——でも、おとなでもぬいぐるみ好きな人もいるよ？
私が学校で演じているのはそういうキャラじゃないの。家と学校では違うの。家では「甘えん坊キャラ」だけど。
——学校ではどんなキャラなの？
う～ん、「野性キャラ」というか、「コワ（怖）キャラ」というか…。
——女の子にもそういうキャラなの？
女の子といる時は「ドジキャラ」。これはそうしてるんじゃなくて、自然にドジになっちゃうの。
——学校での野性キャラは演じているの？
そういうわけじゃないけど、なぜだかそうなっちゃう。
——わかる、わかる。お母さんと一緒だね。
わ～よかった～。わかってくれる人がいて…。
——4年になって学校の帰りが遅いから、家で友達とあんまり遊べなくなったね。
うん。でも部活（ファンファーレ）は遊びみたい。
——部活、遊びながらやってるの？
違うよ。緊張するし、必死だよ。でもやってると楽しい。
——どんなことしてるの？
腹筋。最近はトロンボーンを吹かせてもらってる。
——学校の放課（授業の合間）は何をしている？
友達とおしゃべり。おしゃべりが一番楽しい。

・子どもたちなりに、いろいろ都合のいいように考えてくれているんだなと思った。

・千永が友人の誘いを断わるということはないと思っていたので、特別な事情がなくても、断わることがあるというのは意外だった。

・ぬいぐるみが恥ずかしいのは、幼稚というだけでなく、「かわいい」遊びをしている自分を公開するのに照れがあるようだ。

・自分の2面性について、否定する気持ちが少しあるようだ。

・一所懸命の楽しさを知ったということなのか、「楽しい」にバリエーションが出てきたようで成長を感じた。

──なんで、そんなにおしゃべりが好きなんだろうね。
道具いらないし。幼稚園の前からず〜っとおしゃべりが好きだったと思う。おしゃべり好きで、よく笑うのはお母さんの遺伝だと思う。
──1人で遊ぶ時は何をしてるの？
絵を描いたり、マンガ読んだり、TVゲームやパソコンのホームページを開いて遊ぶ。
──時々、お母さんに「タイクツ〜」って言ってくるね？
うん、お母さんに遊んで欲しい時に。
──えっ、あれはお母さんに遊んで欲しい時なの？
そうだよ。そういう子どもの気持ちも知らずにキミは…。
──遊ぶとご飯の時間が遅くなると思うけど、いいの？
私は別に遅くてもいいもん。
──お母さんとどんな遊びがしたいの？
前にやった「ウサギなりきりごっこ」。それから、ハムちゃん（などぬいぐるみの名をいくつか挙げて）を持って「ごっこ」遊びをしたい。

食べる

──夕食はいつ、誰と？
お父さん以外の家族と。
──お腹減ってない時はどうするの？
減ってなくても、みんなと一緒に一応食べる。
──どうして？
朝までもたないし、お母さんが呼ぶし。
──夕食、楽しい？
楽しくない。昔はよかった。
──どうして？
今は静かで、昔はにぎやかだったじゃない。
──どうすればいいと思う？
お母さんが私にしゃべればいい。お兄ちゃんが誰かにしゃべってもいい。
──千永ちゃんがしゃべったら？
私は自分からはしゃべらない。

・私に何かおもしろいことを与えて欲しくて「タイクツ〜」と訴えてくるのだと思っていたのだが、遊んで欲しかったとは…。どちらの遊びも何年か前に、1度ずつしかしたことがなく、それを今でも覚えていて、「遊びたい」と思っていたのかと思うといじらしくなった。

・父方の祖父母との同居が始まってから、夕食の時間が静かになった。「私が何とかするべき…？」と思っていたので、「夕食、楽しい？」と聞くのは少し勇気がいったが、気になっていたことでもある。無理に話題をつくらなくても、私が千永や慎悟（兄）に話しかければよかったのかと気が付き、最近はそうしている。実は千永に期待していたのだが、自分から話す気がないなら、私が話すしかないと観念した。なぜ自分から話したくないかの理由を、言葉にするのが難しかったようだ。

——どうして？
プライドがあるし、恥ずかしいから。
——学校の給食はどうなの？
好き！　楽しみ。
——給食が楽しみで学校に行ってるとか…？
そういうところあるかもしれない。私だけじゃないよ。給食になるとよみがえるような感じの子もいる。「ヨッシャー、給食だ〜」って。
——給食の時間の何が楽しみ？
おいしいし、好きなメニューが出るし、それに勉強じゃないもん。
——好きなメニューは？
エビフライ、杏仁豆腐、フルーツポンチ…。
——給食の時間になると、どうするの？
今日のメニューは何かなと見にいく。
——うちのご飯も、給食みたいだったらいいと思う？
それはちょっとどうかな…。お母さんの料理もおいしいよ。○○麺（インスタント）とか。
——え〜（力なく笑う）。
違う違う、そんな素朴なものでもおいしいって励ましているんだよ。
——嫌いなものでも、いつもなるべく食べているよね。食べ物を残すことはどう思う？
もったいないと思う。ゴミ減らしにも反している。でも、残す時は潔く残すの。

・メリハリもつくし、息抜きもできるし、小学校生活で「給食」というのは、教育的効果以外の部分でもかなり重要な時間なんだと思った。

・気を遣うタイプではあると思うが、すごく気を遣う子なら「○○麺」なんてそもそも言わないと思うし、素直なのか遊ばれているのかわからない。

・「潔く」という言葉に、残して悪いという思いを感じた。

♥ その他

——お手伝いや勉強で楽しいのは？
勉強が楽しいわけないじゃない。そんな人いる？
——勉強っていうとどんなこと？
漢字の写し書き。
——えっ？　漢字好きじゃないの？
一番イヤ、大嫌い。この前「何でこの世に漢字があるの？」って聞いたじゃない。書くのが面倒くさいし、読

・漢字はいつも丁寧に書いているので、嫌いと聞いて驚いた。「嫌い」と「きちんとやらない」は別らしい。

めないのもあるし。
──他に勉強というと？
算数の割り算とか…。
──勉強っていうと漢字と計算？
やっぱ、国語と算数が代表でしょ！
──他の科目は？
図工と音楽、総合は楽しい。これは楽しい勉強。国語と算数は「イヤイヤ勉強」。
──前は、楽しいのは勉強じゃないって言ってたよ。
それはちょっと過激だった。図工とかも勉強だと思ってる。でも、算数の割り算は楽しかった。
──割り算、好きになったの？
うん、だって知ってたもん。授業で「友達のつくった問題を解きましょう」っていうのがあったのね。私が数字をなが～くつなげた問題をつくったら、隣の子もなが～い数字をつくったのね。そういう、みんなが知らなさそうな問題を解くのがおもしろかった。
──じゃあ次に、どんなことをするのが楽しみ？
普通のこともそれなりに楽しい。なんでも楽しくて幸せな人間なんだよ、私は。宿題がないと嬉しいし…。
──宿題はやっていかなければいけないと思う？
うん。…そういえばどうして宿題をするんでしょう？頭がよくなるとか？
──頭がよくなるってどういうこと？
勉強ができるようになる。
──勉強ができる＝頭がいい、だと思う？
そうであって欲しくない。だって、勉強できない子がバカになっちゃうもん。
──頭がいい子ってどう思う？
すごいなあ～。勉強できるなあ～って思う。
──頭がいい子の反対は？
そういえばどうなんだろう。フシギ～。考えたことなかったから。勉強できるけど、運動のできない子っているよね。勉強できないけど、運動のできる子いるよね。絵はうまいけど、体育が苦手な子もいるよね。

・確かに漢字の宿題中に「なんで漢字があるの？」と聞かれたことはあるが、冷静だったので、嫌いで聞いてきたとは思わず、「見ただけで意味がわかって便利でしょ」とまともに答えたら、「ふ～ん」と言っただけだった。

・自分の性格を肯定的に見ている。もしかして、親を安心させようとしているのかも…。

・勉強ができるのと頭のいい子が同じだったようだが、答えるうちに変化が出てきたようだ。勉強ができる子に「すごいなあ～」と思うのは抵抗がないけれど、勉強のできない子が、頭がよくないというわけではないことに気づき始めた。もともと「頭がよくない」という概念は存在していなかったのかもしれない。

子どもの感想

――インタビューされてみてどうだった？
別に、何にもない。
――お母さんが「聞きたいことがある」って言った時どう思った？
大変かなって思ったけど、ヒマな時間にやったから大丈夫だった。
――何か、感想ない？
面倒くさかったけど、楽しかった。
――面倒くさいって？
細かいところまで聞かれると、面倒くさいって思う。

朝の感想

　自分の子どもは日常生活を見ているので、私のほうで思い込んでいることもたくさんあり、その分、我が子へのインタビューはささいなことで驚くことが多かったです。
　特に朝の様子などは毎日知っているので目新しい発見はないと思っていたのですが、聞いてみなければわからないものです。朝登校するまでに千永にはあまり手がかからないと思っていたのですが、私はかなり利用されているようです。「おとなになるまでお母さんに起こしてもらう」にはガクッときました。歯磨きのことといい、千永の性格がよく出ていると思います。
　千永の言動の裏には、千永なりの価値基準や判断があってのことだという当たり前のことに気づくことができ、自分のものさしでは測れない子どもの個性の部分が表れたようでした。
　また、インタビューの内容を書き出したものを改めて読んでみて、親子の日常生活や子育ての確認作業になった部分がいくつかあります。
　たとえば、「本人が着たくない服が決まっている」ならば、タンスと衣装箱の中を整理しようと思い立ち、千永に1枚ずつ聞きながら、着ない服を処分することにしました。もう小さくて着られないのに「お気に入りだから」とタンスにしまってあった服もあり、手放したくない千永と攻防があったのですが、そのやり取りもなかなか楽しかったです。
　残さないで欲しいと思いながら、食事の量の確認をとっていなかったことにも気が付きました。また、私は兄の慎悟や千永とおしゃべりをしているのが嬉しくて、特に普段無口な慎悟を交えての会話が始まると、お掃除や料理をやらなくちゃ…と思いながらも子どもたちとの時間を優先させています。
　でも、「遊んで欲しい」という千永の要求にはあまり応えることがなく、千永の言うとおり私は「おしゃべり好き」であり、そのうえ自分のやりたいことをやっているなと思いました。
　もう1つ、インタビュー後に変化がありました。「朝は歯磨きをしていない」という秘密を聞いた時に、私は「あ、そう」という感じで別にいいとも悪いとも思わなかったし、言わなかったのですが、なぜだか、千永が朝も歯磨きをし始めたのでした。言葉にすることで子どもが自分の行動を意識化し、見直すきっかけになるみたいです。

インタビュアーの感想

　一番最初にインタビューしたのは、娘である千永に対しての「朝起きてすぐどうする？」でした。娘の朝の様子なんて毎日見ていて嫌というほど知っているし、今さら何か発見があるのかな〜と半信半疑で始めたインタビューでしたが、何気ない言葉のやり取りから面白い展開になっていきました。朝の様子を聞くだけでこんなにいろいろ感じられるのが、不思議で仕方ありませんでした。

　インタビューの内容と並行してその子の世界が垣間見えるようだと、その奥深さに惹きつけられてしまいました。もっといろいろなお子さんにインタビューしてみたいと思ったきっかけです。

　自分の子どもにはいつでも聞けるという安心感と、かえって改まった時間がとりにくいことから、ちょっと空いた時間に少しずつインタビューしていき、結果的にインタビューが日常生活に入り込むことになりました。

　一番初めだけは居間で向かい合ってでしたが、あとは布団の中や車の中、スーパーでの買い物の途中と、至る所がインタビューの場所になり、その気になればいつでも聞けるものだと思いました。あとで書いてまとめるつもりだと、聞き方が真剣になるとも思いました。

　千永へインタビューしてみると、意外な答えの連続でした。聞かなければ出てこなかった話だと思うと、今この時期に聞いておいて本当によかったと思います。

　勉強の話から、「頭がいいとは？」「宿題とは？」という話につながっていったのですが、千永が自分の無意識の世界に入っていく感じで、千永自身が、自分で発した言葉を自分で確認しながら反芻しているようで、今までの千永との会話では経験したことのないタイプの盛り上がり方でした。

　できるだけ千永の正直な気持ちが聞きたかったので、どんな答えが返ってきても、批判や諭すような態度は取らないでおこうと決めていたのですが、普段親子で生活しているということで、千永のほうにも私に言いたいことがあるのは当然で、何度か「子どものご意見を伺う母親」という相を呈したのは自分ながらおかしかったです。

　子どもの声が聞きたい、心が知りたいと思う親は多いと思いますが、インタビューは子どもが日頃の思いを話すチャンスにもなるわけで、子どもにもそのおいしさを知って欲しいし、「聞く」「聞かれる」が自然な日常生活であればいいと思いました。

らくだの目

　普段の会話とインタビューは全然違います。インタビュアーは聞く側に徹して、自分の話はしませんから、今まで聞こえなかった声が聞こえてきます。普段は、相手の話を聞くより自分が話すことに一所懸命で、相手の話をわかったつもりになって聞いていますから、問いが出ず、わかったつもりで聞き流してしまうのです。ですから、試しに30分だけ、「自分からは話さない。聞くに徹する」を実践してみるのはいかがでしょうか。今まで見えなかった子どもの姿が、目の前に立ち現われてくるでしょう。

子ども・くらし インタビュー

宿題はいつもやらなきゃって思ってるから、忘れることはないです。

鈴木 榛乃さん（すずき はるの）
愛知県豊田市 9歳（小4）

家族構成
父、母
姉2人（中2、小6）
祖父、祖母

住居環境
一戸建て
（2棟）

ピアノ
習字

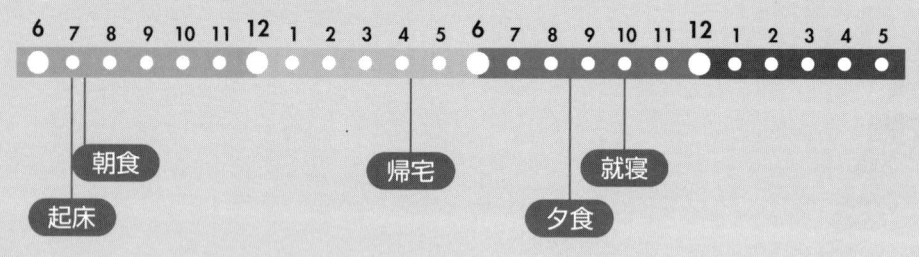

TIME TABLE

6 7 8 9 10 11 12 1 2 3 4 5 6 7 8 9 10 11 12 1 2 3 4 5

- 起床
- 朝食
- 帰宅
- 夕食
- 就寝

インタビューした人
　伊藤葉子（母の友人）
　母親同士がPTA仲間。

インタビュー周辺情報
　インタビュアーの家でインタビュー。榛乃ちゃんと会話をするのは初めて。同級生である娘と宿題をしたあと、インタビュー中は娘には席を外してもらった。2004年6月23日、午後5時40分から45分間、7月3日、午前10時15分から10分間インタビュー。

起きる

——朝起きてまず何をしますか？

まず着替えて、顔を洗って、トイレ。テレビのニュースがついていたらそれを見て、ご飯を食べて、歯磨きをして、宿題と持ち物の点検をして、名札を付けて、ハンカチを持って、学校に行きます。

——何時に起きるの？

だいたい7時。6時半の時もあります。

——起こしてもらうの？

自然に7時くらいに目が覚めることが多いけど、時々アヤ姉ちゃん（長女・中2）が「朝だよ」って起こしてくれます。

——お姉ちゃんと一緒に寝てるの？

お姉ちゃんたちとお母さんと4人で一緒に寝てます。アヤ姉ちゃんが一番早くて6時頃に起きて、お母さんと私が7時に起きて、モエ姉ちゃん（次女・小6）はお母さんが起こさないと起きないです。

——朝ご飯をつくるのは手伝う？

朝ご飯はお母さんがつくります。ご飯の人とパンの人と分かれているので、お皿を用意したりするのは自分たちでやります。

——お父さんも一緒に食べるの？

休みの日は一緒に食べるけど、平日は新聞を自分の部屋で読んでいたりして、あとから食べることが多いです。

——7時に起きるのはどうして？

7時に起きると、ちょうど7時45分に学校に行けるから。それに、早く起きてもお母さんが起きないとご飯が食べれないし、寝ていたほうがいいです。

——持ち物と宿題の点検を毎日しているみたいだけど、自分からやろうって思ったの？

はい。忘れると授業で困るから。小2の時忘れ物が多くて、3年になってからそうしようって思いました。

——授業で困った？

あんまり忘れ物が続いたので、先生も怒るようになったし、自分でもいけないなあって思ったので。

▼ インタビューから見えてきたこと ▼

・朝起きてから登校するまでの行動を一息にしゃべった。朝の支度が、完全に「流れ」になっているのだと思った。

・この家庭では、他の家では「お手伝い」にもなることが、「当然自分ですること」になっている感じ。

・規則正しく動いていると、時間感覚が身に付くかもしれないと思った。朝の支度にかかわらず、何に何分かかるかの見通しが立てられるような気がする。

――お母さんは忘れ物が多いこと知ってた？
ううん、知らなかった。

着る

――着る服は自分で決めるの？
はい。
――朝に？
前の日の夜に、洗濯物をたたんだ時にだいたい決めます。うちは洗濯物を自分でたたむことになっていて、アヤ姉ちゃんは自分とお父さんの服、モエ姉ちゃんは自分とお母さんの服、榛（ハル）は自分の服とタオルなんかの、みんなが共同で使うものが担当です。あと、洗濯バサミの当番が順番に回ってきます。
――洗濯バサミの当番？
洗濯バサミがあちこちに落ちていたりすると、次の時に使いにくいから、1つのハンガーに留めておくことになっています。
――自分の部屋でたたむの？
ううん、テレビを見ながら居間でたたみます。
――榛ちゃんは何歳からやってるの？
さあ～、1年生の時にはもうやってたから、1年か幼稚園くらい。
――どうして当番になったのかな？
お姉ちゃんたちが喧嘩して、お母さんが怒って、みんなの当番になりました。
――それから、ず～っとやってるの？
ほとんど。あんまり遅いとお母さんがやって、持ってきてくれて嬉しい。
――どうして遅くなったりするの？
熱が出たり、宿題が終わっていないとか。
――宿題を一所懸命やってもできないって時？
はい。
――やるの忘れてやらない時はないの？
宿題はいつも、やらなきゃって思ってるから、忘れる

・小学校低学年で、自分の問題を自覚して対処法を考えるとはすごいと思ったのだが、年齢にかかわらず問題を自覚できれば、自分でなんとかしようと思うものなのかもしれないと思った。自分の問題に気づくのも力の1つだ。

・分担をはっきりさせておけば姉妹でもめないし、見事にシステム化されていると感心した。「お手伝い」というより「仕事」になっていると感じる。

・自分の担当のものについていた洗濯バサミが床にそのままになっていて、お母さんが翌日干す時に困ることがあったようだ。やってみなければ出てこない当番だと思った。

・自然にお手伝いが始まっている。3女の榛乃ちゃんを、「まだ小さいから」と特別扱いしなかったのがよかったように思う。

ことはないです。
　——お母さんがやってくれると、仕事をやらなくていいから嬉しい？
　ううん、お母さんの気持ちが嬉しい。でも、今までに3回くらいしかないけど。
　——幼稚園の時から自分で服を決めてたの？
　幼稚園は着ていく服が決まっていて（制服）、朝はそれを着ていって、帰ってきてから着替えてたけど…。
　——どれを着るか自分で決めてた？
　たぶん…。よく覚えてないです。

⚽ 遊ぶ

　——いつどこで、どんなことをして遊びますか？
　家の中でモエ姉ちゃんとボール投げ合ったり、机の周りを追いかけっこしたり。
　——家の中でボールで遊ぶの？
　昔、お母さんがつくった布の中に綿が入ったボールがあって、それを投げて遊びます。クッションを投げることもあります。
　——追いかけっこは、喧嘩とは違うの？
　遊びの喧嘩みたいな感じです。アヤ姉ちゃんに「うるさい」って言われることもあります。
　——他には？
　ほとんどは、とっておいたビデオを見てます。
　——どんな時間に？
　見たい番組がない時とか、土・日に見ます。平日はビデオを見る時間があんまりないから。
　——寝る時間は決まってるの？
　ご飯を食べてから、順番にお風呂に入って寝るんだけど、その間にテレビを見ていたりして、お母さんに「早く寝なさい」って言われると、2階に行きます。本が好きだから、毎日学校で借りてきていて、2階に行ってから本を読んで寝ます。
　——夜遅くに本を読んで、お母さん何か言わない？

・わざと、ちょっとイジワルな質問をしたのだが、「お母さんの気持ちが嬉しい」という答えを聞いて、私が涙ぐんでしまった。9歳の子が、なかなか言わないセリフだと思った。

・真っ先に出てきたのが、小6のお姉ちゃんとの随分シンプルな遊びだったのは意外だったが、自分の子ども時代を振り返っても、10代後半まで妹弟とボールや風船で、熱くなって遊んでいたのを思い出した。

見つからないように持っていきます。最初からダメって言われるとそれで終わりだけど、読んじゃえば、読んだは読んだだから。読んでいるところが見つかっても、「早く寝なさい」って言われるだけだし…。

食べる

——夕食は誰といつ食べるの？
お父さんは仕事でいない時が多いけど、お母さんとお姉ちゃんたちと。だいたい8時半くらいです。
——夕食のお手伝いはするの？
お母さんが「できたよ～」って呼ぶと、3人で行って準備をします。
——準備ってどんなこと？
だいたい、榛が流しのものを洗って、アヤ姉ちゃんが拭いて、モエ姉ちゃんがよそいます。
——仕事は決まっているの？
お母さんに、自分でやることを考えてって言われているので、鍋を見てよそったり、ソースを持ってきたり、使わなくなった新聞の整理をしたりします。
——夕食に関係なくても、何か仕事はするんだ。その時、お母さんは何をしているの？
おばあちゃんたちのご飯を部屋に運ぶので、器に入れたり、それにラップをかけたり。
——お母さんが「これやって」とか言わない？
やってないことがあると、「やって」って言われる。
——「やって」って言われると、誰かがするの？
榛はやりたくないのがないので、「はい」って言ってやります。お姉ちゃんたちは洗い物が嫌いだけど、私は好きだから。でも、フライパンを洗うのはちょっとやだ。ヌメヌメのままだと次に使う時に焦げるから、ちゃんと洗わないといけないんだけどなかなか落ちなくて…、そうするとモエ姉ちゃんが洗ってくれます。
——夕食の時テレビを見る？
台所に1台あるから見れるけど、他の番組が見たい人は

・規則正しい生活で、お手伝いもしっかりやっているけれど、親が怖くてそうしているわけではないようだ。要領がいいというか、「やるなぁ～」と思った。
・あまり怒られないのは、お母さんが本好きなことと関係あるのかな？

・「やることを自分で考えるお手伝い」って、お手伝いの上級クラスだと思う。でも、その子に応じて自分でできることをやればいいのだから、小さい子でもできるはずだ。ここで育つものは大きいと思った。「夕食準備の時間帯」に限っているのが、かえっていいのかもしれない。

・生活の知恵というか、家事の常識をお手伝いの中から身に付けていっている、台所がしっかり学びの場になっていると思った。

急いでご飯を食べて、居間に見にいきます。でも、榛はご飯をゆっくり食べます。
　──夕食はどんな感じ？
にぎやか。
　──どんな話をするの？
学校で何があったとか、犬の散歩中に何があったとか、勉強がわからないところを聞いたり。
　──お姉ちゃんたちに聞くの？
ううん、宿題でわからない時はお父さん、いない時はお母さんに聞きます。
　──夕食は何が楽しみ？
食べることとおしゃべり。

その他

　──他にどんなお手伝いをするの？
犬のエサを当番で、朝と夕方にあげます。それと夕方の犬の散歩は、モエ姉ちゃんと私と2人でします。2人じゃないと無理だから。
　──朝のアヤ姉ちゃんの散歩は1人で、夕方は2人なの？
アヤ姉ちゃんは庭で散歩してると思う。夕方はウンチを取ってる時に、犬を見ている人がいるから。
　──散歩はいつするの？
学校から帰ってきて、まずおやつを食べてから散歩をします。今はモエ姉ちゃんと一緒に帰ってくるから。
　──散歩から帰って何をするの？
3人ともピアノを習っていて、毎日弾く時間が決まっています。アヤ姉ちゃんは1時間、モエ姉ちゃんは55分、榛は45分。
　──えっ！　じゃあ、毎日やることって、(指折り数えて)宿題、ピアノ、洗濯物をたたむ、犬の散歩、それに、洗濯バサミと犬のエサやりが当番なの？
犬の散歩は、雨が降っていたり、犬が嫌がる時はしません。あと、自分の机の整頓もできる時はします。
　──散らかっているのイヤ？

・榛乃ちゃんは、テレビよりも家族とおしゃべりするほうが好きみたいだ。

・4年生と6年生は毎日下校時刻が同じだ。学校生活の規則も、お手伝いの配分や自分たちのルールに大きく影響しているようだ。ということは、学年が変わっていくにつれて、家庭生活のシステムもそのつど決め直していくのだろうか。「毎日する」ことがこれほどあって、それを淡々とこなしていることに驚いた。

自分の机で宿題をするから、できないと困るので。
——ピアノの時間はどうやって決まったの？
お母さんが決めて、幼稚園の時は30分だった。1年に5分ずつ延びます。
——時間をオーバーすると次の人が困らない？
延びるのは別にいい。それに、みんなじっと座っているのが嫌になって、時計を見ながら弾いてるから、延びることはあんまりないです。
——こんなにいろいろやっていて、テレビ見る時間ある？
宿題とピアノと犬の散歩は7時までに終わらせるから、7時からテレビを見ます。洗濯物をたたむのとピアノはいつから始まったか覚えていないくらいで、もう当たり前になっているので、普通って感じです。
——7時までに終わらせるっていうのは誰が決めたの？
決めないとのんびりしちゃうから、自分で決めました。
——お姉ちゃんたちは？
どうなのか知りません。
——テレビの番組で、もめない？
お母さんは「なんでもいいよ」って言うし、お父さんも「いいよ」って言うし、榛がすごく見たいのはお姉ちゃんと一緒だから見れるし、どうしても見たければビデオにとればいいからどっちでもいいし、あんまりもめません。
——喧嘩はしない？
榛とモエ姉ちゃんはあんまり喧嘩しないけど、最近お母さんとアヤ姉ちゃんが時々します。
——2人が喧嘩しているのを聞いているのはどう？
お姉ちゃんがお母さんに口答えするから喧嘩になるんだけど、私には関係ないから。
——どっちかの味方はしないの？
お姉ちゃんが悪い時がほとんどで、私が言ってあげても、私がお姉ちゃんに怒られるだけで、お姉ちゃんは変わらない。自分で納得するまで喧嘩したほうがいいと思うから。
——榛ちゃんが、お母さんに怒られる時もあるの？
うん。でも、榛とモエ姉ちゃんはすぐに終わる。言われるのは自分が悪い時だから。

・「自分が困る」が大事だと思った。

・お母さんの話によると、お姉ちゃんたちもそうしていたので、「ピアノを習いたい」というのと、「毎日○分間の練習」はセットになっていたそうだ。
・みんなが、早く終わらないかな〜って感じで練習しているというのはおかしかった。

・「決めないとのんびりしちゃうから自分で決めた」には驚いた。「恐れ入りました」という感じ。

・無関心ではないけれど、感情が引きずられることはないようだ。

・冷静に考えていて、鋭いと思う。口を出すと、お母さんから注意されることもあるようだ。

――どんなことで怒られるの？
ゲーム1時間までを1時間以上やった時とか、「机の周りの片付けをしなさい」「宿題を早くしなさい」って言われる。
――榛ちゃんの楽しみって何？
みんなでご飯食べておしゃべりすること。長い休みに、家族5人で遠くに遊びに行くのがすごく楽しみです。
――今まで行ったところで、どこが楽しかった？
ディズニーランド、長島スパーランド（遊園地）。
――学校では何が楽しみ？
放課（授業の合間）にみんなで外で遊んだり、絵を描いたりするのが好き。
――みんなで絵を描くの？
そう。自由帳に。
――好きなお手伝いはある？
夏はお風呂を洗うのが好きです。冬は嫌だけど。
――榛ちゃんが頼まれるの？
お母さんが「やっといて」ってみんなに頼むんだけど、なんとなく雰囲気で誰もやらなさそうだと、榛が「やってこようかな」ってやりにいく。
――冬でも榛ちゃんが行くの？
はい。
――お姉ちゃんたち、何か言う？
「やってきたよ」って言うと、「ありがとう」って言う。
――榛ちゃん、泣くことある？
あります。
――どんな時？
お姉ちゃんと喧嘩をした時とか。
――「ワ～」って泣くの？
ううん、静かに泣く。
――どうして泣けるのかな？
口喧嘩で自分が負けたような気がして悔しい時。
――負けたっていうのはどういう時？
言い返せない時。
――自分のほうが悪かったって思う？
ううん、悪いのは両方だと思う。

・お母さんに対して、言い訳や口答えはしないようだ。自分で納得していることしか言われないからだろうが、わかっていてもカッとする子もいるのに、穏やかな性格だなあと思った。

・家族でいるのが、よほど楽しいようだ。

・「みんなで」という言葉がよく出てくる。榛乃ちゃんは人が好きなのかなと思った。

・雰囲気が読める、自分が動いて済むことは自分でやる――こういう人が1人でもいると集団がスムースに回っていくと思う（他の家族がそうではないということではない）。泣くような姉妹喧嘩もするんだと聞いて、なんだかホッとした。無理をしているわけではないようだ。

子どもの感想

——インタビューされてみてどうだった？
今までのことを振り返って、前にこんなことがあったな、なんて思い出して楽しかった。
——お母さんからインタビューのことを聞いた時、どう思った？
どんなことを聞くのかなと思った。
——楽しみだった？　心配な感じがした？
楽しみな感じ。
——どんなことを聞かれると思った？
学校のことを聞くのかなと思ったけど、家のことがほとんどだったから、途中で「あっ、家のことを聞くんだ」と思った。

親の感想

　生活面については、かなり正確に答えられていたと思います。自分の生活を客観的に見ていて、いいことも悪いこともそのまま包み隠さず話したようです。なかなかきちんと把握していると思いました。
　インタビューを読んでいると、2年生の時忘れ物が多かったとか、毎朝忘れ物がないかチェックしている事など、私が知らないようなことも、いくつかありました。
　また、お手伝いについては、もっと「やらされている」と感じているのかなと思っていたので、負担に感じず当たり前のようにやっていたのは意外でした。
　3人姉妹の末っ子で、今まで姉にはできて榛乃にはできないことがあったのだけれど、最近はどんなことでもできるようになり、家族の中で1人前として扱ってもらえるようになった、という自信みたいなものを感じました。
　最近は、手早くすませることができるようになり、自分でもいろいろ工夫して効率よくできるようにしているようです。
　台所でのお手伝いは、料理に興味が出てきた（野菜を切ったり味付けをしたり）こともありますが、私と2人きりになれるので、おしゃべりをしに手伝いにくることがあります。
　最近は学校からの帰宅時間が遅くなったこともあり、なかなか2人きりになることが少なくなってきたので、話を聞くようにしています。さすが、末娘です。私が相手をしてやれる時間を見つけるのが上手です。
　基本的に夕食は、多少時間が遅くなっても全員で食べることを心掛けています。榛乃が食事中のおしゃべりをそんなに楽しく思っていたのかと思うと、嬉しくなります。
　休日などに榛乃が、よく「みんなでトランプしよう」と誘ってくるのに、ついつい「忙しい！」といって断ってしまうのですが、反省です。もう少し家族一緒にいる時間をもたなくては…と思いました。

インタビュアーの感想

榛乃ちゃんとは直接話したことがなく、榛乃ちゃんに対しては、のびのびと育っているという印象をもっていたのですが、インタビューをしてみると、かなり予想と違ったものでした。自由奔放と思いきや、お手伝いも宿題もお稽古も毎日決めたことをこなしつつ、それでいて無理をしているふうもなく、私は「へえ～」の連続でした。屈託なく、すらすらと答えてくれる榛乃ちゃんに舌を巻きながら、メモが追いつかないくらいでした。榛乃ちゃんには、インタビューを項目に分けないで、出てきた話から〈着る〉にいったり、〈遊ぶ〉にいったりと、インタビューを区切らない聞き方をしていました。

私は3人の子どもにインタビューさせていただいたのですが、その中では榛乃ちゃんが一番最後で、なんとなく私の問いの出し方の癖のようなものが見えてきました。相手のお子さんの答えを聞いた時に、「うちの子と違う」と思うと引っ掛かって、なぜそうなるのかが聞きたくなります。実際にうちの子がどうなのかは別にして、私の問いの中心には常に自分の2人の子どもたちがいました。母親歴13年、かなり染み付いているようです。

最近、小学校で校長先生をされていた方とお話しする機会があり、その方が「みんな、いい子なんですよ」と言われました。なぜそう言えるのか、いい子とはどういう意味なのかがわからなくてお聞きしたところ、「たとえば、校庭の花壇で土いじりをしていると、子どもがすっと寄ってきて話をするんですよ」と答えてくださったのですが、私は教師の経験もないし、言葉で理解するのは難しい種類の話だと思って飲み込めないままになっていました。

それが、こちらの質問に自分の言葉で一所懸命答えようとしているお子さんたちを見ていて、「みんないい子」という感覚が私にも少しつかめたような気がしました。こうして答えてくれるだけで、しみじみ「いい子だなあ～」と思えます。

たぶん、人と人の確かな触れ合いがインタビューにはあると思うのです。静かな応接間で、あるいは雑然とした部屋の中で、ちょっと緊張した2人が向き合ってインタビューをしている関係は、おとなと子どもの対等な関係だったと思います。

らくだの目

毎日をどう生活していくかということが、「どんな子どもに育っていくか」に対し、大きな影響を及ぼすでしょう。毎日のように「あれしなさい、これしなさい」と言い続けていても、「言われなければ何もしない子」を育てたいと思っている親は本当はいないと思うのです。「言われなくてもやる子」を育てたいなら、榛乃さんの生活は参考になると思います。

まずは、毎日何をするかを決めること。何をするかがはっきりしていれば、指示や命令をする必要がなくなりますから、言われなくてもやるようなかかわり方をしていけばいいわけです。まずは、「この子は、言われなければ何もしない子」と、決めつけないことから始めたらいいと思います。

子ども・くらし インタビュー

> 楽しみはダンス！
> ストリートダンス。
> お稽古に行くのが
> 楽しみ。

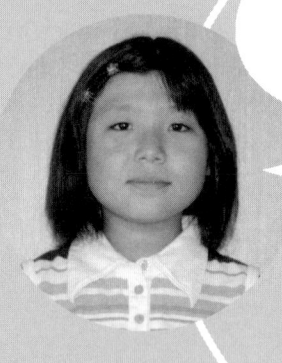

吉兼 麻里子さん（よしかね まりこ）
愛知県豊田市 10歳（小5）

家族構成
父、母、姉(中2)
祖父、祖母

住居環境
一戸建て
(2棟)

ピアノ
ダンス
習字

TIME TABLE

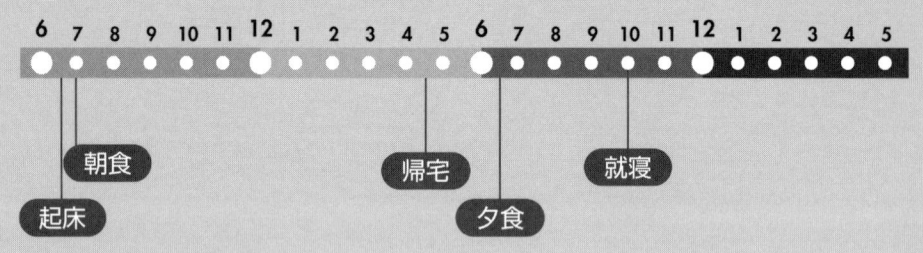

6 7 8 9 10 11 12 1 2 3 4 5 6 7 8 9 10 11 12 1 2 3 4 5

- 起床
- 朝食
- 帰宅
- 夕食
- 就寝

インタビューした人
伊藤葉子（母の友人）
母親とはPTA仲間。本人と直接話したことはほとんどなかったが、お互い知ってはいる。

インタビュー周辺情報
2004年6月1日、慣れない場所だと本人が固まりそうだという母親の予想から本人の自宅にて、午後6時10分から35分間インタビュー。6月22日にも午後6時10分から15分間。

起きる

――朝、何時に起きるの？
6時とか、6時半とか、7時とかバラバラ。
――起きる時はどうやって？
6時ぐらいにお母さんが起こしてくれて、すぐか、しばらくして起きる時もあるけど、「7時だよ」って言われたら、その時はすぐに起きる。
――6時に起こしてもらうように頼んであるの？
頼んである。
――6時に起こされた時どんな感じ？
眠いなあ〜って。
――すぐに起きない時は何をしているの？
眠いなあ〜って思って、布団の中にいる。
――起きて、すぐにすることは何？
1階に降りて、ちょっとテレビを見てからご飯を食べて、トイレに行く。
――テレビは何を見るの？
ニュース。
――ニュースでいいの？
うん。こんな事件あったんだ〜って思う。
――「さあ、学校へ出掛けよう」って思う時は？
4年の3学期からずっとお腹の調子が悪くて、学校でお腹が痛くなると困るから、安心するまでトイレにいる。
――学校でお腹痛くなったことあるの？
ないけど、そんな気がする。家で出れば安心だし、出ないとすっきりしない。
――これでもう安心って思うのは？
7時50分に学校へ行くまで、トイレに入ってる。
――7時50分までいたら、出ても出なくても安心なの？
うん。
――学校へ行く時間だってどうやってわかるの？
トイレに時計がないから自分で持って入る。7時50分になったら、自分で出て通学班の集合場所に行く。

▼ インタビューから 見えてきたこと ▼

・インタビューのあとで、お母さんやお姉ちゃんも交えて雑談している時に、朝の7時の声掛けはお父さんだったことが判明し、麻里子ちゃんはおかしいくらい動揺して、何度も確認していた。お母さんによると、ちょっと思い込みの激しいところがあるかもしれない、ということだが、お母さんに起こして欲しいのかな？

・朝のトイレの存在が麻里子ちゃんにはすごく大きいようで、この話には勢いが感じられた。

・とにかく7時50分まで入っていれば安心できるらしいのだが、登校時刻に遅れないように自分で時計を持っていくのには感心した。その自立心はいじらしいくらいだし、他の家族が深刻になっていないのも救いだと思う。

――トイレの中で何をしてるの？
何もしてない。
――6時に起きると随分余裕があるよね。
うん。
――7時だと？
すごく急ぐ。ご飯も早く食べる。
――遅いとお母さんに何か言われる？
「早く食べなさい」って言われる。ちょっとうるさいって思う。

着る

――着る服はどうやって決めるの？
朝起きて、1階に下りてきて自分で決める。
――自分で決めたいから決めるの？ 面倒くさいなって思わない？
自分で決めたいから決める。
――服を決めるの楽しい？
（にこっと笑って）楽しい。
――小さい時からずっとそう？
覚えてないくらい前からずっとそう。
――今日はこの服にしようって、どうやって決める？
体育のある日は体操服。半ズボン（学校指定の体操服）の上にスカートをはく。そうじゃない日は、下はズボン。寒ければ半袖の上に長袖を着たり…。
――今日は暑いか寒いかってどうやってわかるの？
ドアをあけて外をのぞいてみる。
――のぞくの？
手を出してみたり…。
――毎日？
うん。
――天気もわかるもんね。
晴れてたら暑そう、雨だと蒸し暑そうって思う。
――麻里子ちゃんが決めた服に、お母さんが何か言うことある？

・7時起床が多いのだが、本人はもっと早く起きたいと思っているから6時の声掛けを頼んでいるようで、7時起床は本人にとって遅いという感覚。

・先に〈起きる〉について「朝起きてから何をするの？」の質問をしていたのだが、朝食の前にテレビを見ながら服を着替えていたことを、ここで思い出したようだ。「自分で着る服を決めて着替える」というのが、なんの抵抗もなく、生活の一部として身に付いているようだ。

・服を選ぶために、自分でドアを開けて外気を確かめる慎重さと、自分の感覚を信頼できる面があるようだ。服を決めるのに毎日ドアを開けている仕草を想像すると、愛らしさが増してくる。

時々ある。「暑いんじゃない？」とか。
──そしたら、どうするの？
上着を脱いで行くとかする。
──せっかく自分で決めたのに嫌じゃない？
うん、嫌じゃない。
──自分の持ってる服は、気に入ってるのが多い？
うん。気に入ってないのも少しあるけど。
──気に入ってない服も着るの？
着ない。
──新しく買ってもらってるの！？
うん。買ってって頼むと買ってくれる。いつもじゃないけど。
──おばあちゃんも買ってくれるんじゃない？
うん。一緒に行って選ぶ時もあるし、おばあちゃんが買ってきてくれる時もある。
──買ってきてくれた服はどう？
(にやっとして)あんまり…。ちょっと趣味が違う。
──そういう服も着るの？
うん、たまに着る。

・自分で服を決めたいという意志はあるが、母親の助言には素直に従う。

・お姉ちゃんはどんな服も万遍なく着るそうで、着る服がだいたい決まっているというのも、麻里子ちゃんの個性のようだ。静かに意志を通すお子さんだと思った。

・大好きなおばあちゃんの買ってくれた服だから…という優しさを感じた。

⚽ 遊ぶ

──どこでどんな遊びをするのが好き？
う～ん、家のパソコンのゲームで遊ぶのが好き。
──パソコンをやっていい時間って決まってるの？
いつやってもいいし、好きなだけやってる。
──これでやめようって思う時はどういう時？
目が疲れたりした時。
──どれくらいの時間するの？
う～ん、30分くらいかな。
──お気に入りのゲームはあるの？
うん、東京のいとこが来た時に、いとこの小学校のHPにあるゲームが、おもしろいよって教えてくれた。
──毎日やる？
毎日はやらない。

・いとこに教えてもらったゲームの話の時はとても嬉しそうだった。ゲームもおもしろいけど、いとこのことも好きなのかなと思った。

――どういう時にパソコンやるの？
やることがなくなって、つまんなくなった時。
――やることってどんなこと？
宿題とか、ピアノの練習とか。
――じゃあ、宿題を先にやるんだ？
(にやっと笑って)ううん(否定)。そういう時はお母さんに「宿題、先にやったら？」って言われる。
――そしたらどうするの？
それから、ちょっとゲームして宿題をする。
――お母さんに、「もっとゲームしたい」って言う？
言わない。
――どうして言わないのかな？
夜になっちゃって、宿題する時間がなくなると嫌だと思って。ゲームを途中でやめて、宿題をしてからゲームの続きをやる。(にやっとして)でも、たまに無視してやり続ける時がある。
――テレビ見ている時に「宿題やったら？」って言われることある？
ある。
――テレビはその時間に見ないと終っちゃうけど、どうするの？
どうしても見たい時は、宿題を持ってきてテレビを見ながらやる。
――テレビを見てからとは思わない？
うん。宿題をやったほうがいいと思う。やっぱり、夜時間がなくなると困るから。
――自分から宿題をやるのと、「やったら？」って言われてからやるのとどっちが多い？
言われてからのほうが多い。
――言われないでやりたいと思う？
別に思わない。

・あまり積極的にゲームに熱中している様子はない。

・ゲームを続けたいけれども特に反抗しないで、でも、すぐにはやめずにしばらく続けてから母親の意向に添う…。私は「母親の意向に添って」宿題を先にするのだと思ったのだが、麻里子ちゃん自身に「夜になる前に宿題を済ませたい」という思いが強いようだ。宿題は必ずやるものであり、自分事であるというのが身に付いているのだと思った。

・でも、お母さんに「やったら？」と言われるのには抵抗がなく、もしかしたらその一言をきっかけにしているのかもしれない。

食べる

――夕食はいつ誰と食べる？

たいてい、お母さんとお姉ちゃんと。たまにお父さんと。
――夕食前にお手伝いする？
しない。でも、みんなのコップに水を入れるのはする。
――夕食が始まるのはどうしてわかるの？
お母さんが呼んでくれる。
――麻里子ちゃんは何をしている時が多い？
テレビを見てる時。
――好きな番組をやってるの？
うん。アニメのチャンネルがあって「トムとジェリー」とか「パフパフガールズ」とか。
――今も「トムとジェリー」やってるんだ。おもしろい？
（にこっと笑って）おもしろい〜。ハラハラする。
――声を出して笑っちゃうくらい？
笑うけど、声は出さない。
――呼ばれたら、お腹が空いてなくても食べる？
すぐには食べない。見たいテレビがある時もずっとテレビを見てる。
――お母さん、何にも言わない？
「早く食べなさい」って言う。
――そしたらどうするの？
しょうがないなぁ〜って思って、ちょっとだけテレビを見てから食べに行く。
――テレビが食卓のところにあったほうがいいと思う？
どっちでもいい。やっぱりないほうがいいかな。
――テレビを見ながらご飯を食べたいとは思わない？
うん、思わない。たまには見たいこともあるけど。
――夕食の時はにぎやか？
みんな、あんまりしゃべらない。
――もっとしゃべったほうがいいと思う？
うん、思う。
――麻里子ちゃん、もっとしゃべりたい？
ううん（否定）。あんまり話さないけど、食べるのは一番遅い。
――遊んでないのに遅いの？どうしてなんだろうね？

・インタビュー後にお母さんから聞いたのだが、お母さんの都合で週に3日、学校から帰ってくると、決まった曜日に麻里子ちゃんだけ別棟の祖父母のところに行き、勉強をみてもらって、そこで夕食もとっていた。普段は優しいおばあちゃんが、厳しい家庭教師のようになるらしく、ほほえましい話なのだが、インタビューの時は一言もその話が出なかった。

・「トムとジェリー」と麻里子ちゃんはあまり結びつかなかったのだが、ダンスも好きだし、本当はアクティブ派？

・親が、自分のしたいことに反することを働きかけた場合、口では反抗せず、しばらく自分のやりたいことを続けてから、結局親の求めに応じて行動するようだ。お母さんが「娘が何を考えているのかよくわからない」と思われる理由の1つなのかもしれない。

・何事も慎重で丁寧なんだと思った。

たぶんよく噛んでるからだと思う。
――お母さんやお姉ちゃんが、もっとしゃべってくれたらいいと思う？
う～ん。でもあんまりうるさいのは嫌だ。
――学校のこと話さない？
あんまり話さない。嬉しかったこととか、おもしろかったことはたまにしゃべる。

その他

――何をやってるのが楽しい？
(すぐさま) 楽しみはダンス！
――どんなダンス？ いつからやってるの？
ストリートダンス。去年の夏休みから。
――お稽古は週何回で、教室は何人くらい？
週1回で、土曜日の9時～12時。20人ぐらい。
――家でも踊るの？
家では踊る気がしない。お稽古に行くのが楽しみ。
――去年、バレエから今のダンスに変わったんだよね？ 楽しいんだ？
うん、先生もおもしろい。
――どうして変わったの？
お母さんの知り合いの子がやっていて、見学に行ったらやりたくなった。
――バレエをやめるつもりはなくて、見学に行ったの？
うん。
――両方やろうとは思わなかった？
うん、思わなかった。
――ダンスのお稽古の時間では、何をするのが好き？
前にやった踊りを踊るのが好き。先生がやるって言うと嬉しい。
――どうして好きなんだろう？
1曲全部、自分で踊れるから気持ちいい。
――踊っている時は何か考えてるの？
次のところを考えながら踊ってる。

・「楽しみはダンス！」という答えがすぐに返ってきた。インタビューの際の「間」は文字にはなかなか表せないが、表現の大事な要素だと思った。

——ピアノはどう？

家で練習する時は楽しくないけど、先生のところで弾いてると楽しくなる。あと、音楽の時間のリコーダーが好き。

——リコーダーは、どんなところが好き？

吹けるようになって楽しくなった。音楽の教科書の曲はすぐに吹けるから嬉しい。

——家でもリコーダーを練習する？

しない。学校の音楽の時間だけ。

——ピアノの先生のところで楽しいのは、どうしてだと思う？

わからない。

——小学校のファンファーレ部でやってるトランペットは？

トランペットは口の形を変えないといけないので難しい。楽しいけど…。

——ダンスもリコーダーも急にできるようにならないよね？ できるようになるまではどんな感じ？

リコーダーは音階名が書いてあればすぐにできるし、あんまり難しくない。

——新しいダンスはどうやって覚えるの？

先生が少しずつ踊ったのを真似して、最後に1曲になる。

——そうやって教えてもらっている時は？

これ難しいなあ〜とか、簡単だなとか思う。

——先生が「今日は新しい踊りをやります」って言うと、どんな気持ち？

どんな曲かなあ〜って思う。

——楽しみ？

楽しみじゃない。

——どんな感じ？

たまに新しい振りで難しい時がある。先生がやって見せてくれて、すぐにやれない時はちょっと練習して家でもやる。

——今まで練習してもできなかった振りはないんだ？

うん、ない。

・全般的に音楽が好きで、自分ができるようになったことをやるのが、特に楽しくて気持ちがいいようだ。できるようになるまでは、あせったりワクワクしたりということもなく、淡々と身に付けていくという感じがした。「練習すればできる」という、自信のようなものがあるのかもしれない。

・インタビューを始める前に、2日前のダンスの発表会のビデオを見せてもらった。麻里子ちゃんは、自分がうまくできなかったと思っている部分を見せたくないようで、何度か「これはダメ」と必死に止めていた。（麻里子ちゃんにとっての）失敗は人に見せたくないけれど、質問には自分を飾ることなく、そのまま答えてくれたと思う。

子どもの感想

――朝、お母さんに「伊藤さんが麻里子ちゃんにインタビューに来るよ」って聞いた時どうだった？
答えられるのかなあ〜って思った。

――インタビューされてどうだった？
答えられない時に、ちょっと困った。リコーダーやダンスや楽しいことの話をするのは楽しかった。

親の感想

麻里子の日常がそのとおりに出ていたと思います。注意してもいつも黙っていて、のれんに腕押しって感じで、余計に怒ってしまうのですが、そういう時に麻里子も実は「我慢している」というのは意外でした。

インタビューを受けたのが3日前ですが、朝の6時に起こした時の反応が以前と違って、すぐに起きてくるようになりました。もともと6時に起こすように頼まれていたのですが、このところそれがナアナアになって7時に起きるのが当たり前のようになっていました。ところが、人に聞かれて自分が言葉にして話すことで、「自分はそうだったのか…」と、ほんとは6時に起きたいと思っていたことを自覚できたみたいです。

インタビューの直後、私にベタベタとまとわりついていたのですが、家族以外の人の前であんなふうにするのは珍しいことです。自分の思ったことを全部話して、伊藤さん（インタビュアー）は自分に敵意がない、自分を出していいと思えたんだと思います。そういうところは敏感な子なので。

自分を確かめていく時期にさしかかっている麻里子へのインタビューは、母として嬉しかったです。家庭がいつもお姉ちゃん中心でまわっているので、インタビュー後の雑談にしても「麻里子ちゃんのことを集中して話題に出す」ということ自体が我が家ではなかなか起きないことで、麻里子にとっても嬉しいことだったかもしれないと思います。

「伊藤さんがまた聞きたいことがあるから電話してくるよ」と言うと、嬉しそうに待っているので、無口で話をするのが嫌に見えたけど違うのかなと思って、最近はいろいろ聞いてみることにしています。そうすると、話してくれます。お姉ちゃんにも学校のことなんかを聞いてみると、答えてくれるので、子どもって本当は話すのが好きなのかな…と思ったりしています。

月・水・木におばあちゃんのところに行って夕食も食べていることを言わなかったのは私も不思議です。実はあれから、おばあちゃんのところに行くのに随分抵抗したのですが、昨日からまたなんとか収まりました。私とお姉ちゃんのお稽古の都合でそうしているのですが、私は今自分の「快」になることしかやっていなくて、「子どもが犠牲になっている？」と思うことがあるので、今度はお姉ちゃんのほうにも、どう思っているか聞いて欲しいくらいです。

インタビュアーの感想

今まで直接話したことがなかった麻里子ちゃんにインタビューしてみたいと思ったのは、お母さんから「寡黙な子で何を考えているのかよくわからない」と聞いていたからです。

ナイーブなお子さんなので「日曜日のダンスの発表会が終わってから」「インタビュー当日の朝、さり気なくお母さんが打診する」「場所は自宅で」ということをお母さんと打ち合わせました。麻里子ちゃんにインタビューのことを切り出した時、嫌がる感じもなくOKだったと聞いて安心し、お母さんが同席しない状態でインタビューすることにしました。

問いの1つひとつをよく聞いて、一呼吸してからポツポツと答えてくれる様子から、麻里子ちゃんの慎重さと誠実さが伝わってきました。

インタビュー終了後、隣の部屋にいたお姉ちゃんやお母さんも来て4人で雑談をしたのですが、私のような第3者が入った親子の会話というのも、おもしろいものだと思いました。麻里子ちゃんも、私と1対1でインタビューを受けている時より自然に感情が出せているようでした。インタビューの内容について別の面から話が膨らむというのもありますが、この状況だと「インタビューをした」という事実が、場の一体感というか、場を盛り上げる何かをつくっているように感じました。

「子どもへの関心」がみんなの意識の根底にあるからか、麻里子ちゃんのことを集中して話題に出しても不自然ではないので、せっかくインタビューするなら、こういう時間とセットでできるといいなと思いました。

また、お母さんと私の話から麻里子ちゃんが新しい情報を得て驚く、ということが短い間に2度も起き（おばあちゃんが麻里子ちゃんに用意した教材が1年契約で、麻里子ちゃんが「え〜、1年も…」と驚いたことなど）、親だけでなく子どもにも思い込みが結構あるんだと思いました。

お母さんは、「自分が『快』に向かうことしかやっていない」と言われるのですが、傍から見るときちんとした「いいお母さん」です。自分を「楽」にしようとする近道は、周りを「楽」にすることだと思いました。

麻里子ちゃんの生活を聞いていると、朝起きてから出掛けるまでを1人でできるようなスムースな流れができていて、行き当たりばったりで、結局自分の仕事を増やしてしまう私にはとても勉強になったのですが、インタビュアーが他人の家庭生活を「良い・悪い」で評価しないようにするのも大切だと思いました。

らくだの目①

私はこれまで、インタビューを1000回以上はしていると思いますが、インタビューされることが嫌いな人には、いままで会ったことがありません。自分からは決して話さない人でも、インタビューすると喜んで話してくれるのです。

相手が話したことを受けて、次の問いを出すのがインタビュー（＝入って見る）ですから、私がその人の話をきちんと聞いているのが伝わっているということでしょう。

子ども・くらし インタビュー

> 買い物は、絶対行く。自分でどれを買うか選んで、サイズをどうするかだけ、お母さんに聞く。

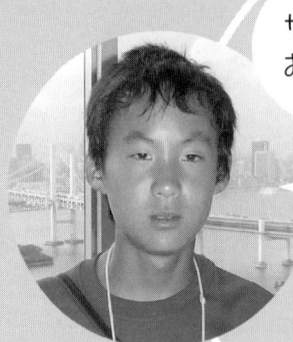

矢古宇 樹（やこう いつき）くん
栃木県大田原市　12歳（中1）

家族構成
父、母、弟（小3）
祖父、祖母

住居環境
一戸建て
（2世帯住宅）

中学校のサッカー部に所属（小学校から続けている）

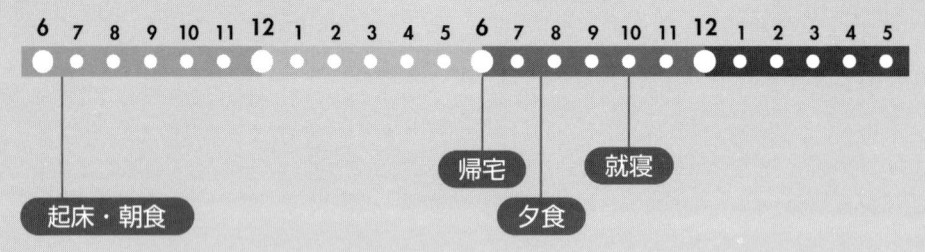

父は、小学校でサッカー部の指導もしている

TIME TABLE

6 7 8 9 10 11 12 1 2 3 4 5 6 7 8 9 10 11 12 1 2 3 4 5

- 6時：起床・朝食
- 6時：帰宅
- 7時：夕食
- 10時：就寝

インタビューした人
小田戸史子（母の友人）
母とは、小学校の育成会をとおして知り合った。樹君は一緒に出掛けなくなったが、たまに子連れで遊ぶことも。家も近い。

インタビュー周辺情報
インタビューの話を母に持ち掛けた時、樹君のサッカー部の友達の家で家族ぐるみ（5世帯）のバーベキューの予定があったため、そこにお邪魔することになった。2004年6月5日。

起きる

――樹君は、朝、どうやって起きるの？ 目覚まし時計は、使う？
起こされる。
――毎日？
うん。
――誰に？
お母さん。
――何時頃？
6時30分。
――学校に出掛けるのは、何時頃？
7時15分。
――じゃあ、起きてから45分で、学校に出掛けるってこと？
うん。
――起こされたら、すぐ布団から出る？
布団の中で「固まってる」。
――固まっているの？ どうして？
少しの間、眠くて体が動かないから。
――起こされるまで、ぐっすり眠っているの？
うん。
――樹君は、朝起きて、一番最初に何をするの？
目をこする。
――布団の中で？
布団から出て、そこに立って。
――その時、どんな気持ち？
学校に行くのが面倒くさい、とか思う…。
――その場に、ずっといるの？
30秒くらい。
――30秒か！ そのあとも、面倒くさいって考えているの？
…考えない。
――面倒だから、学校に行かなくていいかなって思う時はあるの？

▼インタビューから見えてきたこと▼

・朝、起こされるまでは熟睡している。

・自分の「～したくない」という気持ちを否定せずに生活している。

・自分の「～したくない」「面倒」という気持ちと、実際に「やる」「やらない」は関係ない。

うん、ある。でも、そういう理由で休んだことは、ない。
──実際には、休まないの？
中学校は、今のところ1度も休んでいないし、小学校も、病気の時くらいしか休まなかった。
──面倒でも学校に行くの？
うん。
──どうして行けるの？
…んー。そういうもの？
──布団から出て、30秒経ったら、次はどうするの？
ご飯を食べに、自分の部屋から1階に行く。
──着替えは？
ご飯を食べてから。
──家族みんなで、一緒に食べるの？
うん。
──1階に行った時、家族はどうしているの？
テーブルにご飯が並んでいて、みんな座って食べている。家族の中で、一番最後に席に座る。
──一番最後？　それは、いつも決まっているの？
そう。
──その時、どんな気持ち？
あんまり食べたくないって思う。
──朝、食べないの？
食べる。
──食べるの？　食べたくないのに？
絶対食べる。でないと、学校に行ってバテちゃうから…。
──それは、自分で考えて？
んー…。
──ご飯を食べようか、どうしようかって迷う？
それは、ない。
──食べたくなくても、食べられるんだ？
うん、そう。

・朝、「やる気」では動いていないが、客観的に物事を判断し行動している。自分に必要と思われることは、あまり考えずに行動に移す。

・「やりたくない」と思うことと、それで悩むことは別らしい。

着る

──朝、着るものは、いつ、どうやって決めているの？

制服…。
——あ、そうか！ 中学生になったんだもんね…。じゃあ、休みの日とか、制服を着ない日はどうしているの？
自分で決める。
——服は、いつ用意するの？
朝。
——すぐ選べる？
うん。早い。
——早いの？ どうして？
だいたい、決まっている。
——決まっているの？ 着るパターンが決まっている、ということ？
うん。
——自分で決めるようになったのは、いつ頃から？
小学校の3、4年くらいから。
——それは、自分からそうするようになったの？
うん。お母さんが決めたものを着なくなった。
——どうして？
なんか、違う。
——お母さんが決めたものと、自分が決めたものは、何が違うの？
自分が、今日着ようと思っていたものと、お母さんが決めるものは違う。
——お母さんが着る服を決めていた頃も、樹君は、今日はこれが着たいと思っていたの？
うん。
——お母さんの選んだものと、どう違っていた？
自分が決めたほうが、カッコイイ！（笑）
——カッコイイのか～。自分で洋服を決める時って、どういう気持ち？
楽しい。自分で買い物に行ったり、買うものを選んだりするのも…。
——買う洋服も、自分で選ぶの？
うん。買い物は、絶対行く。自分でどれを買うか選ん

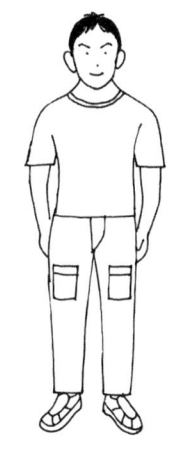

・親に着る服を選んでもらっていた頃から、自分が着たい服を意識していた。

・洋服の好みに関しては、親に譲らない。

で、サイズをどうするかだけ、お母さんに聞く。
——サイズは相談するの？　どうして？
背が伸びているし、すぐ小さくなっちゃったりするから…。
——買い物も楽しいの？
うん。
——どういうところが？
自分で見て、選べるのが。
——自分で選ぶのが楽しいのか…。お母さんが選んだものは着る？
お母さんが買ってきたものは着ないから、買ってこなくなった。
——じゃあ、全部自分で選んでいるの？
そう。
——何を買うか、どうやって決めるの？
カッコイイか、どうか。
——誰の服がカッコイイかとか、自分以外の人が着ている服も気になる？
うん！

・成長期なので、買う洋服のサイズの相談だけは母親にする。買い物は親と一緒に。

・「着るもの」、「かっこうよさ」に関心がある。

遊ぶ

——学校以外でも友達と遊ぶ？
うん。
——遊ぶ約束はどこでするの？
学校で。
——自分から遊ぼうって、誘うの？
たまに誘うけど、自分からはあまり誘わない。
——どうして？
誘われたら、遊ぶ。
——誘われなかったら何をしているの？
弟がいるから、家で弟と遊ぶ。家族で出掛ける時もある…。
——友達と一緒より1人のほうがいい？
友達とみんなで遊ぶほうが、おもしろい！

――自分からは誘わなくても、誘われることを待ってる？
うん。
――誘ってくれる友達がいるんだ？
うん。
――誘われたら、誰とでも遊ぶの？
うん。だいたい決まっているけど。
――友達とは何をして遊ぶの？
ゲームはするけど…、自転車で、いろんなところに行くのも好きだし、サッカーもする。
――いろんなところって、たとえばどこ？
コンビニとか、スポーツ用品のお店に行ったりする…。
――コンビニでは何をするの？
お菓子や、ジュースを買う。
――じゃあ、スポーツ用品のお店では？
サッカーのスパイクを見たりする…。
――買いにいくの？
買わないけど、見にいく。
――買いたいものを見て、選んだりするのも遊びのうち？
うん。
――休みの日に、丸1日、友達と遊ぶこともあるの？
部活動がなければ、遊べる。
――長い時間遊べる時は、何をしているの？
みんなで、いろんなところに行って、遊ぶ。
――自転車で？
うん。
――お店以外にも行くの？
友達の家とか。
――友達と一緒に遊ぶことは、どうしておもしろいの？
いろんなところに行けて、いろんな話をしたりするのが楽しい…。

・自分から「遊びたい」ともちかけるわけではないが、「誘われた人」と「いた場所でする」ことを楽しむ。

・誘ってもらえることが多く、誘ってくれる友達がいる。

・「買い物」「ウインドウショッピング」「おしゃべり」など、遊ぶ選択肢をもっていること、行動範囲の広さに満足している。

食べる

――夕食は、誰と食べるの？
家族6人で。
――6人？
おじいちゃんも、おばあちゃんも…。
――そうか、おじいちゃんもおばあちゃんも、みんな一緒なんだ。食べる時間は決まっている？
時間は、決まっていないけれど、「6人で食べること」は決まっている。
――家族みんなが揃うまで待っているの？
うん。
――その日によって、食べる時間が違うの？
塾とかあるから、早かったり、遅かったり…。
――小さい頃から、ずっと家族みんなで食べているの？
そう。
――夕食の時は何か話す？
あまり話さない。
――誰も？
自分からはあまり話さない。話しかけられて、それに答えるくらい。
――話しかけられるのは嫌なの？
それは嫌じゃない。
――黙々と食べてるの？
そう。
――樹君は、どれくらいの時間で食べ終わるの？
15分くらい。
――朝食は食べたくないんでしょ？ 夕食は、どう？
お腹が空いている。結構、食べるほうだと思う。
――自分が食べ終わったら、何をしているの？
みんなが食べ終わるまでは、テレビを見たりして、そこにいる。
――みんなが終わったら、どうするの？
みんなで「ごちそうさま」って言う。あ、夕ご飯の時は、

・食事中、自分から話すことはないが、聞かれれば答える。

自分からは「ごちそうさま」しか言わない！（笑）

その他

――学校の教科では何が好き？
数学と体育と学活。
――それは、どうして？
勉強しない教科が好きだから。
――数学と体育は勉強じゃないの？
うん。
――じゃあ、樹君にとって、「勉強」ってどういうこと？
読んだり、考えたり、覚えたり…。それが、好きじゃない。
――学校では、具体的にどういう教科？
国語、理科、社会。
――数学は、そういう教科と何が違うの？
問題を解くのは、簡単。
――数学の問題を解くのは、考えたり、読んだり、覚えたりすることではない？
うん。計算は、学校以外でも自分でやっているし…。だから、学校で難しい問題にあたったことがない。
――学校の授業の中で、考えさせられたりするのが嫌なの？
一応やるけど、面倒。
――体育は、どうして好きなの？
運動は、何でも好き！
――サッカーは、小学校からずっとでしょ？　自分が好きだから続けているの？
うん。
――続けていて、大変なことかとない？
んー。あんまり…。
――今、一番楽しいことってどういうこと？
友達と遊ぶこと！

・子どもの成長など、家族の生活の変化があっても、「みんなで一緒に食べる」「ごちそうさまを言う」など、夕食の決まりごとが、祖父母を含めた家族の1人ひとりによって守られている。

・数学は、読んだり、考えたり、覚えたりしない教科。

・運動が好き。

・友達との関係が、一番大切。

子どもの感想

――聞かれて答えるの、大変だった？
大丈夫。困らなかった。
――答えていて、何か気づいたことあった？
普段、思っているようなことを答えていた。
――お父さんや、お母さんによく聞かれる？
そうでもない。
――今日、私が聞いて答えたことって、家族に聞かれたことがあること？
うん…。

親の感想

ほとんど、私と夫が話している「イツキ像」です。「意外」ということは、ありませんでした。それは、こちらから聞かないと本人からは何も話さないので（本人には聞かれている意識がないようですが）、日常的にインタビューと同じようなことを聞いているからかも知れません。

本人が、あまり感情的になったりしないので、どうも「感動がない」って言うか、「クールだなあ」と感じるのですが、小さい子の面倒も見るし、友達との交流を見ていても、そんなに押し黙っている感じでもないし…。親は、会話や表情に表れない部分を、行動などからこっそり観察しています。

普段は、「したくない」「面倒」と口では言いながらも、やることが滞ったりしないので、あえて、そういうことに反応したり、答えたりはしていません。本人が、言葉にすることで、自分で整理したり消化したりしているのかなあ…と。

インタビューの内容からも、もしかしたら逆境は嫌いなのかも知れないと思うのですが、これまで、習い事などで壁に当たった時や問題が起きた時などに、「どうしようか」と、夫婦で子どもの話を聞きながらつき合ってきたので、それほど心配はしていません。

インタビューをしてもらって、親の知らない部分が見えるかも知れないと楽しみだったのですが、普段から、子どものことはわからないと思っているせいか、わりと子どもに何でも聞いている親子関係であることに気づきました。

今回のように、先生や親以外のおとなときちんと話をするということは、特に、友達との関係が中心になる中学生の生活の中では、なかなか機会がないことなので、もしかしたら話す相手を意識して、会話の内容など違いが出るのかと思ったのですが、インタビューでは「そのまんま」が出た、というのが発見でした。

インタビュアーの感想

「中学生にインタビューする」ということは、今、この年代の子と接点がなく、これから中学生になっていく子どものいる私にとってはドキドキするようなことです。

それも、お母さんが「クールなのよ…」と、事あるごとにつぶやくような樹君に「何か聞けるのだろうか？」と、少々不安な気持ちもありました。

しかし一方で、インタビューを口実に「自分の子以外の子とどういう話ができるのだろうか？」と、私にとっても初めての経験への期待も大きかったように思います。

今回のインタビューは、集った友達との遊びの中に自然に組み込まれたかたちになったので、私自身もあまり気を遣わずに、それぞれの子に淡々と聞いていきました。すると、同じ中学に通い、いつも遊んでいて生活のパターンが似ている1人ひとりの子の、生活の中での価値観の違いが浮き彫りになってくることを感じました。

たとえば、「着る」という生活の中の具体的な1つのことについて聞いていくことから、「洋服が好き」で、「カッコイイことが大事」な樹君が見えてきて、また、中学生までの「着る」にまつわる背景から、樹君の家族とのつながりを感じる…、という具合です。

そしてその「違い」は、「中学生」とか「今の子ども」と、ひとくくりにすることができないほど、大切なものだなあと感じました。

また、樹君のお母さんは、インタビューで出てきた答えに対して驚くようなことはなかったのですが、「うちの子って、どうなんだろう？」と気になっていた部分を、樹君と私の直接のやり取りから、私と共有するという関係を喜んでくれました。

そして、私も、実際に矢古宇家のコミュニケーションに触れることで、自分と子どもの関係を振り返ることができました。感謝です。

らくだの目

樹さんへのインタビューを読んで、樹さんのお母さんは、「ほとんど、私と夫が話している『イツキ像』です。『意外』ということは、ありませんでした」と感想に書かれているのですが、もしこのインタビューが、みんながいるところでのインタビューではなく、1対1のインタビューだったら、また違った内容になっていたのではないかと思いました。

「意識する・しない」にかかわらず、インタビューは場の環境に影響されます。その場にいる人が、無意識に期待する○○像になっていくのです。

それがインタビューのおもしろさでもあるのですが、インタビューする側も、相手次第でインタビューの内容がガラッと変わってしまったりします。

それがおもしろくて、未だ懲りずにインタビューをし続けているのかもしれません。

子ども・くらし インタビュー

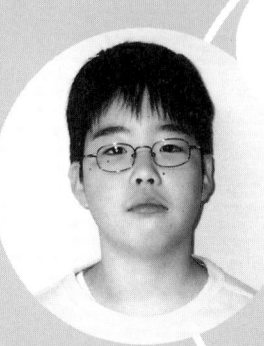

> サッカーもパズルゲームも、戦略とか戦術とか考えるのが楽しいかな。

上田 洋裕くん
うえだ ようすけ
岡山県岡山市 13歳（中2）

- **家族構成** 父、母、弟(7歳)
- **住居環境** マンション
- **すくーるふたば**（学習塾）
- 発明者になりたい

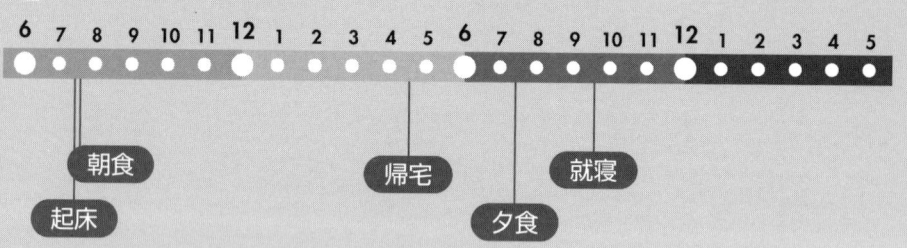

TIME TABLE

6 7 8 9 10 11 12 1 2 3 4 5 6 7 8 9 10 11 12 1 2 3 4 5

- 起床
- 朝食
- 帰宅
- 夕食
- 就寝

インタビューした人
小西稔子（すくーるふたばの指導者）

インタビュー周辺情報
2004年7月12日、すくーるふたばでプリント学習の前。「ちょっと聞いてもいい？」「いいよ」とインタビューが始まる。午後3時くらいからインタビューを開始。

起きる

――朝はどうやって起きるの？
えーと、自分で飛び起きる。
――お母さんに起こしてもらったりはしないの？
いや、もう全然ないよ。
――目覚まし時計とかもかけないの？
目覚ましかけたらな、よけい起きれんのよ。バシッと止めて、そのまま寝てしまうし。
――ふーん、そしたら自然にぱっと目が覚めるんだ。
うん、そりゃあ、9時半に寝れば目が覚めるやろ。
――そうか、夜が結構早いんだ。朝起きた時って、まず、どんなこと考えるの？
なんやろ。日によって違うよな。まずはボーッとしてるかな。
――じゃあ、朝起きてすぐすることは何？
あんまりないなあ。とりあえず自分の机に座ってじっとしているだけ。
――え、朝起きたらまず机に座るんだ。
うん。昨日やり忘れたことないかな、なんかやることないかなって机の上を探して、もしあったらそれを片付ける。
――どんなこと？
たとえば昨日だったら、弟が自分のおもちゃをぶっ壊したからなあ、それを直してきた。
――おもちゃを直したりするんだ。
修理が趣味だから。
――へえー、そうなんだ。他にも直したものがあるの？
一番でかいのはパソコンを直したしな。他には壊れたミニカーを分解して直した。それからラジコンの接続を直したり…。
――朝からそんなことするの？
毎日そんな大掛かりなことはせんけど。ニッパーであせって手が吹っ飛んだら怖いし。
――気を付けてよね。他にはどんなことするの？

インタビューから見えてきたこと

・壊れたものをちょこちょこと直すのが好きで、やり残したことがあったら、まずは朝一番にそのことが気になってやっている。弟のことも気になって、頼まれていないのに、つい起こしてあげてしまうようだ。

うーん、ああ、弟を起こすことがある。なかなか起きん時は叩き起こす。
──弟を起こすのは毎日？
ううん、毎日じゃない。すごく遅かった日だけ。
──それはお母さんに頼まれてるの？
いや、そうじゃないんだけど。弟は45分には家を出ないといけないんだけど、35分までに起きてなかったら間に合わんから、なんか気になって。
──ふーん、弟の面倒をちゃんと見てるんだ。
面倒を見る、というか、よく喧嘩するし、たまに怒るけどな。せっかく起こしてあげたのに「なんで起こすん！」とか言って。
──そんな時はどうするの？
うんとな、ごちゃごちゃ言わんと時計を見せて終わり。
──上田君が起こさなかったら弟は遅刻する？
どうやろ、遅刻することはないかもしれん。だいたいな、ぎりぎりに起きて、わーっと用意して行くから。朝ご飯は、すげー中途半端だけどな。
──それから、上田君は朝ご飯を食べるの？
うん。
──一緒に食べないんだ？
ばらばらかな。父さんは6時半に出るからそれより早く食べるし、弟は7時35分には食べないといけんし、僕は8時過ぎに出ても余裕で間に合うから。学校まで3分だしな。

着る

──朝、着る服はどうやって決める？
普段は制服。制服は決める、というよりハンガーに掛かっているから、それを取ればいいだけだし…。
──それは自分で掛けるの？
うん、学校から帰ったら自分でやる。
──じゃあ、朝は着るものを悩むことはないんだ。
全然。

・私は、朝は一日の予定をなんとなく考えるのが習慣になっているのだが、上田君はもっと今の瞬間のことに集中して生きているんだなあ、それほど先のことを思い煩うことなく暮らしているのだなあ、と感じた。

――朝起きたらすぐに制服に着替えるの？
いや、ご飯を食べてからかな。
――じゃあ、学校から帰ってからの服は？
そりゃあ、タンスの引き出しを開けて、一番上から取って着るだけ。あんまりファッションにはこだわらんし…。パジャマも下着も全部一番上にあるものを着る。
――そうなんだ？
というより、自分の気に入った服しかタンスに入ってないし。服買う時はいっつも僕がついて行くから。
――へえー、どういう服が好みなの？
やっぱ、無地で、すっきりしたやつ。
――どんな色が好き？
あんまり赤とかオレンジとかは好きじゃない。黒とか白とかが好きかな。
――着る時は迷ったりしない？
全然。上から取るだけやし。
――タンスには誰が服を入れるの？
お母さんが入れてくれる時もあるけど、だんだん引き出しが空っぽになってきて、何日分かまとめて僕が入れることもあるし…。

・それほど着るものにはこだわりはないようだ。「上から順番に取る」と決めていることで、どれを着るか迷うこともないらしい。そのためにも「気に入ったものしかタンスに入れない」ことにしているようだ。

遊ぶ

――学校から帰ってからはどんなことしてる？
うーん、普段は遊びに行くかな。
――どこに？
友達のうちに。
――友達のうちでは何するの？
なんかなあ、だいたいゲームかな？
――どんなゲーム？
日によって変わるけど、だいたいは、あれあれ、パズルゲームをやってるかな。ゲームキューブとか。
――友達のうちでは何人くらいで遊ぶ？
普通は3人くらいだけど、多くて10人くらいかな。
――へえー、10人で何するの？

10人でも、交代制でゲームかな。
――その時、交代で待っている人は何をするの？
待っている人は、なんか話をしたり。
――どんな話をするの？
何かなあ…。ゲームの発売日とかを聞いたりしている。
――ふーん、ほとんどゲームの話なんだ。
そうかな。
――他にはない？
他には、外に出てサッカーとかするかな。でも、10人くらいじゃ、5対5でちょっと少ないけどな。でも、小学生とかが何人か途中乱入してきたり、いろいろあるし。
――サッカーはどこでするの？
近くの公園でちょうどいいのがあるから。マンションに隣接した公園があるんよ。
――そこは、サッカーしても大丈夫なところなんだ？
うん、ネットとかもあるし、結構大丈夫。
――そうか。遊びでは何が一番楽しい？
うーん、ゲームが好きだけど、サッカーは普段あんまりできないから、サッカーが楽しいかな？
――どんなところが？
なんやろうな。うーん、やっぱ、パズルゲームと一緒で、戦略とか戦術とか考えるのは楽しいかな。
――考えるのが楽しいんだ。サッカーって、どんなふうに考えるの？
えーとな、戦術。右のフォワードにボールをパスして、右のディフェンスを動かしたあと、その右からさらに右に出ておいて、そこで中央か左のフォワードにボールを渡して、そこから抜けていくみたいな感じ。
――ふーん、ボールの動きを予測していくんだ。
うん、そうそう、結構それがおもしろい。
――それって、そのとおりになるの？
なる時もあるし、ならん時もある。ならなかったら、あっち行ったりこっち行ったり、またそこで考える。

・遊びはほとんどゲームが中心のようだ。時々サッカーをしていることは知らなかった。それほど広くはないけど、そのような場所がかろうじてあるので、人数さえ集まればできるらしい。でも、なかなか集まらないことが多いらしく、子どもたちの放課後は、みんな忙しいようだ。「戦略を考えるのが楽しい」というところが、意外だった。

食べる

――夕食は普通、いつ頃、誰と食べる?
父さんがたまに飲みで遅くなる時があるから、その時は3人で7時半頃食べるんだけど。普段は全員揃ってるかな。でも父さんが単身赴任の時は3人だったけど。
――最近はみんなで食べてるんだね。夕食が始まる時間にはお母さんが呼んでくれるの?
そうかな、僕が遊んで帰ってきたら、ちょうどそのくらいになっているから。
――時間とか気にして7時半に帰ろうと思って?
そう、だいたい7時半くらいを気にして帰ってくるし。
――そうか、ご飯の時って、よく話をしたりする?
うん、結構するかな。だいたい僕と弟と父さんと野球の中継を見ながら食べるから。
――野球が好きなんだ。
やるのはそうでもないけど、応援するのが好き。
――へぇー、どこのファン?
うーんと、弟がタイガースで、父さんが巨人で、僕がカープ。
――みんな違うの?
そうそう。
――喧嘩しない?
阪神とカープの時は白熱するよ。お互いに応援合戦みたいになって。
――お母さんはその時どうしてる?
母さんは野球に興味はないしなあ。
――そうか、テレビはだいたいご飯の時についているの?
半分半分くらいかな。
――テレビがついていない時はどんな話をする?
なんやろな。弟とはゲームの話とか。母さんは「宿題しなさい」とか。
――お母さんは結構「勉強しなさい」とか言うの?
うーん、8時くらいまでは言うけど、9時過ぎたら「もう早く寝て明日やりなさい」って言うかな。

・野球のことで盛り上がる、にぎやかな食卓が垣間見えた。仕事で忙しいお父さんのようだが、存在感を感じた。

——そうか、夜は早いんだね。夜更しししたいとか思わない？
あんまり思わんな。
——ふーん。夕食は何が好き？
ご飯が好きかな。嫌いなものはあんまりないし。炊き込みご飯系になると、弟とは争奪戦になる。6杯くらい食べたこともあるし。カレーも好き。

その他

——お手伝いとかする？
ゴミ捨てとか。特に決まってはいないけど。手伝いになるかどうかわからんけど、母さんのもので壊れたものを直してあげたりするかな。
——それ、助かるよね。たとえば？
鉛筆削りに、鉛筆の芯が詰まっているのを分解して取ったりとか、あとはなあ、鍋のネジがゆるんでいるのをドライバーを探してきて直したり。うまく合うドライバーがなくって、マイナスドライバー2本でやったりしたこともある。
——へぇー、他にもある？
あとは廃品回収とか。
——ゴミ捨ては自分から行くの？
母さんに頼まれて行く、っていう感じかな。でも、だいたいは行くよ。火曜、木曜かな。
——他には？
あとはお母さんがおらん時、弟の面倒を見ることかな。
——へぇー、どんな面倒を見るの？
なんやろうなあ。母さんがおらんで弟だけの時に、学校から早く帰ってきて遊んでやったり。
——何して遊ぶの？
うーん、弟がやりたいことをやるかな。たまに「レゴでなんかつくれ」と言うから、船や飛行機みたいなのをつくったりとか。
——そんなお兄ちゃんがいるといいよね。結構小さい

・積極的にお手伝いをしているようではないが、頼まれた仕事は気持ちよく手伝っているらしい。やはり弟とのかかわりがよくあるようだ。それから、壊れたものを直して人に喜んでもらえることが快感のよう。

時から面倒見ているの？

小さい時はあんまり弟1人になることはなかったからそうでもないけど、母さんが用事で夜、外に出掛ける時には、よく弟のことを頼まれているから。

──勉強で好きな科目って何？

なんやろな。理科と英語が好きかな？

──理科はどんなとこが好き？

うーんと、理科の実験が好きかな。

──実験はどこが好き？

なんやろうな、わからんことがわかるからな。それがおもしろい。

──へぇー、わからないことがわかったことって、たとえばどんなことがある？

5年くらいの時に、水圧の実験をしたり、水と空気の重さの実験をしたのがおもしろかった。空気の入ったペットボトルを水の中に入れたりして。そしてフタを開けたら、空気が上にものすごい勢いで出ていったのがすごかった。

──じゃあ、英語はどこが好き？

うーん、他の国の人と交流できるのがいいかな。

──今も外国の人と話すことはある？

学校にいる外人の先生と話をすることができるようになったかな。

──将来こんな勉強したい、とかいうことある？

うーん、なんやろな。将来っていっても別に決めてないしな。

──うん、まだ決まってないと思うけど、こういうことしたい、とかいうのはある？

基本的に、やっぱ、実験できたり、ものを直したりできることをやりたいな。

──直したりするのは、どんなところがいいの？

うーん、趣味だからな。

──趣味なんだ。

うん、壊れたものが直ったら「やったー」みたいな。

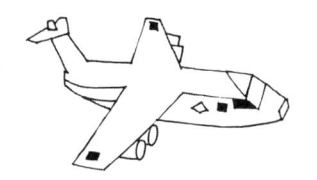

・実験や、実際に壊れたものを直したり分解したりすることに興味があるようだ。自分の好みはかなりはっきりしている。

子どもの感想

――聞かれるのはどうだった?
こんなこと聞かれたのは初めてかもしれんな。
――そう、どんな感じだった?
うーん、どうやろな。おとなの人にいろいろ聞かれることってないしな。
――先生とかは?
先生には、家のこととか聞かれることはあるけど。一番多いのは、保健の先生に、昨日、何食べたかは聞かれるかな。でも、おとなの人にいろいろ言われることはあるけど、聞かれることはあんまりないかなあ。
――誰かおとなの人に聞いてみたいことってある?
うーん、それは特にないかな。
――上田君が誰かに聞いたりすることってある?
理科の先生には疑問とかがあったら聞くけどな。それは勉強のことだけど。それ以外で、先生の生活のこととかは聞いたことがないなあ。
――聞いてみたい?
うーん、どうやろ。聞いたらおもしろいかもしれんな。

親の感想

今回のように1日の生活について、人に聞かれて自分で振り返る、ということは初めての経験だったと思います。自分なりに、いろいろと考えるきっかけになったのではないかと思います。朝の生活や、遊びについては、自分の一番好きなパターンを言っていて、いつも、ということではないんですね。だから、自分の願望のようなものもきっとあって、これからの生活をどうしたいと思っているか、ということを考えることになったんじゃないでしょうか。

それと、会話の中に弟がたくさん出てきて、弟の存在の大きさを感じました。外に出るより家にいることのほうがどちらかというと多いので、家族とのかかわりが、人とのかかわりの中で大きな部分を占めているのだと思います。弟は攻撃の対象になることもあるんだけど、なんだかんだ言いながらも弟が帰ってくるのを待っていたり、私がいない時には面倒を見てくれていたりするんですよね。でも、今回のように、家族以外の人と、いろいろとコミュニケーションがあるのは、きっと大切な体験なのでしょうね。

自分からは、大きな行事などがあった時に「どうだった?」なんて聞くことはありますが、普段はそうでもないですねえ。でも、私にとってこの子は不可解なところがとてもあるんです。ちょっとしたことで、ものすごく緊張して学校に行けなくなったり、ささいなことで、ものすごく気持ちが後ろ向きになってしまったり……。でも、何かのきっかけで気持ちが急に前に進むこともあって、私にはそのあたりが理解できないんです。きっと本人も自分の心の動きや癖が読めていないんじゃないでしょうか。

そんなことを、私がいろいろと聞いてみることで、一緒に考えてみることができるかもしれないなあ、と感じました。できるだけ、できたことに対して一緒に振り返ることで、自信をもって欲しいと思っているんですよね。

インタビュアーの感想

どちらかというと、中学生くらいの男の子は、口数がだんだん少なくなってくるイメージをもっていました。上田君は、普段、気分が乗らない時には話し掛けてもあまり反応してくれない時もあるので、嫌がられるのではないかなと、ちょっとどきどき。ところが、「少しインタビューしてもいい？」と改めて向き合って聞いてみると、以外におしゃべりなので驚きました。聞いてみないとわからないものですね。特に、自分の好きなサッカーやゲーム、壊れたものを直す話など、自分の興味がある分野に関しての質問には、いきいきと得意そうに、いろいろと話してくれました。そんな時間をもてたことが、とてもよかったですね。

話しているうちに、なんだか以前よりも上田君との距離が近くなったような感覚を覚えました。インタビューがきっかけになったのかどうかはわかりませんが、その後、上田君は気が向いたら、いろいろなおもしろい話をしてくれます。好きな音楽のこと、本のこと、弟の話、お母さんのドジな話など…。そんな、私の知らない子どもたちの世界を垣間見ることができるのも、教室をやっている特権かも。今まで聞いたことのなかったことを聞いてみるのは、その子の頭の中をちょっとのぞいてみたようで、結構、好奇心をそそられました。

我が子は3人とも男の子で、中学生、高校生にもなると普段の様子など、なかなか自分からは話してこないのですが、さりげなくインタビューをしてみることで、意外と話をしてくれるのかもしれません。「聞く」ことよりも、どうしても「学校からの連絡プリントは何かないの？」とか、「脱いだ服はちゃんとしまってよ」とか、こちらの聞きたいことや、言いたいことをいう割合のほうがいつもは多いですから…。せっかく「インタビュー」というツールと出会ったのですから、普段の生活の中でももっとフルにインタビューを活用していきたい、と思いました。「聞く」というツールをタイミングよく使うことができれば、親子の関係も、風通しのいいものになっていくのかもしれませんね。

らくだの目

インタビューゲームは2人で組んで、片方が20分聞き続けると、今度は交代して聞かれる側に回ります。インタビューゲームを終えたあとに、「インタビューしてみてどうだったか？」「されてみてどうだったか？」の感想を聞いてみると、ほとんどの方が、「インタビューをするのは大変、問いがなかなか続かない。聞かれて、答える方がずっと楽」と答えます。なぜそうなるかというと、きちんとしたことを聞こうと「問い」を考えてしまうからです。

「朝はどうやって起きるの？」「朝、着る服はどうやって決める？」「学校から帰ってからはどんなことしてる？」と、出だしの「問い」は何を聞いてもいいのです。相手が答えやすいことを聞いているうちに、思わぬ展開になって、ささいな問いがその人の本質に触れるような話になっていったりするのです。疑問に思ったことでなくても、興味のあることでなくても、とりあえず聞いてみると、そこから、予想もしなかった何かが見えてきたりするのです。

子ども・くらし
インタビュー

> 歩いていると、こんなのがあるんだって、いろんなことに気づくのがすごく楽しい。

安藤 晴香さん
岡山県岡山市 15歳（中3）

家族構成
父、母、姉(高2)

住居環境
一戸建て

ピアノが得意
週2回塾に通う

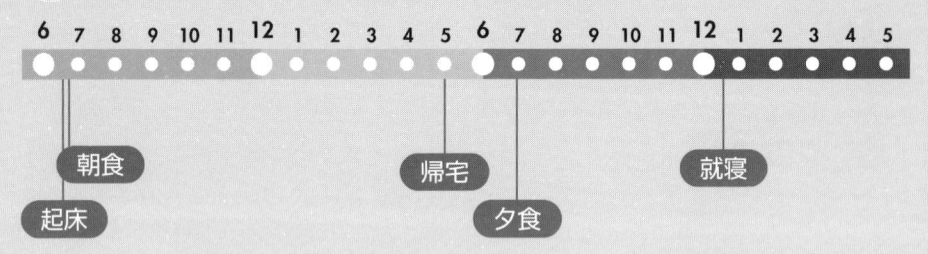

TIME TABLE

6 7 8 9 10 11 12 1 2 3 4 5 6 7 8 9 10 11 12 1 2 3 4 5

- 起床
- 朝食
- 帰宅
- 夕食
- 就寝

インタビューした人
西村敬憲（教会の牧師）
教会の中学生クラスや音楽クラスなどで、よく活動や話をしている。

インタビュー周辺情報
2004年6月4日、午後7時から50分間のインタビュー。学校の帰りに寄ってもらって、教会のロビーで行った。

① 起きる

――起きたら何をするの？

6時半に目覚ましで起きたら、まずテレビをつける。それから、カーテンを開けて、コーヒーとパンをセットする。

―― 一番に起きるんだ？ 起こされることはないの？

起こされることはない。起きるのは、お母さんと一緒くらい。でも時々起こすこともあるな。「お弁当つくれよー（つくって）」って。

――最初にテレビをつけるんだ？

そう。テレビ見ながらパンを食べる。

――決まったものを見てる？

うん、「めざましテレビ（フジテレビ系）」。これで情報収集をするの。芸能情報とかね。

――どんな情報に興味あるの？

新作ドラマとか映画。それから有名な人が来日したとか、あとワイドショーっぽいスキャンダルみたいなのも。

――おもしろいんだ。

学校で、友達と話をするのに大切だから。

――情報がないとついていけないの？

そんなことはない。いろんな話をするから。でも知っていると盛り上がって楽しいから。

――お弁当は全部お母さんがつくってくれるの？

そう。手伝うことはないな。時間がない時なんかは、お母さんをせかす時もあるし。

――お弁当の中身はこれがいいとか、注文することある？

あまりしないけど、エビフライが夕食に出てきた時は、取っといてねって頼む。あとアスパラのベーコン巻きは好きだから入ってたら嬉しい。

――朝食は自分で用意してるんだね。パンが好きなの？

まあまあね。でも本当は、ご飯にお味噌汁とシャケが

▼ インタビューから見えてきたこと ▼

・地元の公立中学ではなく、岡山市中心部の国立中学にバスと路面電車に乗って通学する（所要時間1時間くらい）ため、朝が早いが、自分で準備の段取りを決めて、実行している。

・最小限の時間で必要な情報を得ておく工夫をしている。友人との関係においても情報量で対等な関係を保っているように感じた。

・母親とは対等な意識をもっているが、どちらかというと時間どおりにお弁当の準備ができるようにせかすなど、要求することのほうに表れているようだ。

理想の朝食。でも食べたことはないな。
――頼んだことはないの？
あるけど、お弁当で忙しいから、お味噌汁はたぶん無理だな。

着る

――制服にはいつ着替えるの？
食べてから。汚れないように。
――気を遣うんだね。アイロンは自分でかけるの？
私はしない。お母さんがしてくれる。日曜日の夜に家族の分をまとめてしてくれている。
――それは結構な量だね？　手伝うってことは考えない？
考えない。だって、私がするとしわだらけになるから。
――やったことはあるんでしょ？
うん、授業でやったり、ハンカチはしたことあるけどね。あとはしない。
――じゃあ朝起きたら、きれいなブラウスが掛かっているんだ。
うん。着る時はアイロンがけしてくれてありがとうって思うけどね。
――制服でも、今日は何を着て行こうかって選べるものってあるの？
半袖とか、長袖とかブラウスはその日によって違う。気分で選んでるかな。
――半袖の気分とかあるの？
ある。体育がある時は半袖にしたい。それから薄暗い日とか、クーラーの部屋が続く日は長袖の気分。あと、塾のある日は自転車に乗らないから、長袖でもいいかなっていう感じ。
――じゃあ、ブラウスを選ぶ時に1日の予定を考えてるんだ？
そう、宿題やってないなとか、楽な授業が多くてラッキーだなとか、忘れ物チェックしたり、いろんなこと

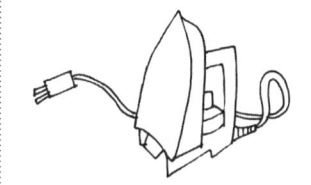

・きちんとアイロンがかかっていることに対して、母親が深夜にかけてくれていることを感謝し、満足している。このことに関しては、アイロンがけで母と対等になろうとはしていないので、依存との両面を使い分けているように感じた。甘えてみたいということなのか。

・制服なので、選択にはあまり自由度がないと思っていた。しかし、ブラウスの選び方にも1日のスケジュールが反映されていた。その日をどのように過ごすことが、心地よいのかを考えながら積極的に生活しようという姿勢を感じた。

が浮かんでくる。それで朝の気分も変わってくる。
──他にも髪型とかはどうなの？
髪をまとめるゴムがちょっと違うかな。ちょっと太いのと細いの。普通にとめる時は太いのを使って、3つ編みにする時は細いのを使う。
──それも気分で決めるの？
うん、それもあるけど、でも髪の状態っていうか、はね具合でどうしようかすぐ決めてるかな。
──そんなに違うの？
あんまり乾かさないで寝た時なんかは、はねてる。
──他に、着こなし方って何かあるの？
そんなにないかな。袖はひじ以上までまくらないことかな。決まっているわけじゃないけど、みんなそんな感じ。

遊ぶ

──遊ぶ時間ってあるの？
全然ないと思う。部活と勉強ばっかりだし。
──遊ぶっていうと、どんなことをしたいって思う？
ぶらぶら買い物するっていうか、買い物をしないで、ただ見て歩くのは楽しいかな。
──洋服とか？
服もそうだけど、薬局なんかも楽しいな。
──薬局？
歩いていると結構おもしろいものがあるから。洗顔のとか、お菓子とかも安いし、見ていて楽しい。
──好きな店ってあるの？
広い店がいい。一周するのに時間のかかるところ。そういうところはゆっくり時間がつぶせるから。
──じゃあ、別に服とかにこだわらないんだ。大きな本屋は？
大好き。旅行ガイドとか、おいしいお店ガイドとか、小説やマンガも、ゆっくりといっぱい見れる。
──ゆったりとした時間が欲しいっていう感じかな？

・遊ぶために時間をとったりすることはあまりしない。

・歩くことと見ることが楽しさになっている。特に目的をもって見たり歩いたりしているわけではない。

そう。だから歩くのが好き。塾へ行く時も途中で路面電車を降りて歩くことが多い。歩いていると、こんなのがあるんだって、いろんなことに気づくのがすごく楽しい。
──なるべく歩ける場所を見つけようとしているのかな？
うん。ちょっとしか時間がなくても、見つけて歩くのが楽しい。ゆっくりとあまり考えないで、いろんなものを見れるからかな。
──歩くのが遊びなんだね？ 誰と歩くのが好き？
べつに1人でもいい。買い物とかは、塾が一緒の時はお姉ちゃん（高2）と歩くかな。
──いつから歩くのが楽しくなったの？
中学にバスとかで通うようになってからだと思う。

食べる

──何時頃に夕食？
7時過ぎくらいかな。だいたい家族4人で食べてる。
──話はよくするの？
よくする。学校のこととかを話すかな。でも私が一番よくしゃべってるって、お母さんは言ってる。お父さんはあまり言わないけど、時々笑うことがあるから、たぶん聞いてはいるんだろうなって思う。テレビはついているけど、お母さんはよく私の話を聞いてくれるな。
──お母さんにはどんな話するの？
授業とか宿題、友達のこととか、好きじゃない先生のこととか、なんだか愚痴ってるって感じかな。
──全部聞いてくれるの？
うん、うんってね。笑ったりしながらね。
──じゃあ、食事時間はゆっくりしてるんだね？
私はゆっくりしてるかな。お父さんが最初に終わって、ソファでテレビ見てる。だからテーブルには、お母さんと2人だけになる。少ししか食べないのに、一番食べるのが遅いから、あとはしゃべってるんだろうな。

・短い時間でも歩くようにしているのは、それが自分なりのゆったりとした時間になっているからだろう。

・目的に縛られないで過ごせる時間を、忙しい中でもキープしようとしているようだ。それが時間の有効な使い方なのだろう。

・食事の時に、学校のことなどを自分からよく話している。話を聞くよりは、話ができること自体が楽しいのだろう。母親が、本人の食事が終わるまで聞き役で付き合っているようだ。

・テレビもだいたいついているらしいが、あまり今回話題にならなかった。それは、話す楽しさに結びついていないからではないか。

――片付けはするの？
お父さんやお姉ちゃんは、流しまで食器を持っていくけど、私は置きっぱなしだな。
――どうして？
どうしてかな。面倒くさい。
――お母さんにしてもらうの？
そうなるかな。お父さんに言われた時はしてるけど。お母さんが片付けをしてくれていても、当たり前っていう感じ。あんまりそういうこと考えてないな。
――手伝いはするの？
休みの時でお母さんがいない時は、お姉ちゃんのお皿を洗うこともある。お母さんが帰ってきたら、何か言われるからやっておこうと思うんだろうな。
――言われるのが嫌だからするの？
うーん…、やっておいてあげようかなっていう気持ちと半々。
――好きなものって何？
アイス。大好き。毎日食べてる。
――毎日食べるの？
そう。夕食の前と後に1本ずつ食べる。でもお母さんからは1本しかダメって言われてるから、もう1本はこっそりと食べてる。最近はバレちゃったけど、大丈夫。
――おいしいんだ。
アイスを食べてる時は幸せっていう感じ。どんなのでもいいな。

その他

――手伝いはするの？
ご飯をつくるのはよく手伝うかな。
――どのくらいするの？
週に2回くらいかな。お母さんの帰りが遅い時。
――お母さんに頼まれるの？
うん。お母さんから言われるとおり、焼いたり煮たりするのは楽しい。でもお姉ちゃんはしないな。将来困

るんじゃないかなって思うけどね。
──1人で全部つくったりしないの？
ない。やろうと思えばできるかな。でもやっぱり無理かな。
──掃除はするの？
タイルを磨いて油を落とすとかは好きだけど、片付けはダメ。捨てられない。
──何を捨てられないの？
雑誌とか、テストとか、置いておけばいいやって思っちゃうかな。でも年末の大掃除の時にそれを見ていると、1日経っちゃうくらい楽しいけどね。
──でも掃除はするんでしょ？
うん、そういうのをどかしたりして床がきれいになったり、お布団を干すのは好きだな。
──じゃあ、話を変えて、部活（吹奏楽）は楽しい？
楽しい。合奏とかもそうだけど、下級生に（打楽器を）教えるのも楽しいな。今までは上級生に言われてきたけど、3年生になったから優越感みたいなのがあるかな。
──面倒だなって思ったりしない？
3年生になったら、そうするのが当たり前だと思っているから、そんなことない。
──教えていて嬉しいことってどんなこと？
下級生に教えていたことができるようになった時。その時が一番満足するっていうか、よかったなって思う。
──他に楽しいなって思うことはある？
電車とかバスの中でヒューマンウォッチングをすること。人を見て、どんな人なのかいろいろ想像したりするのがおもしろい。
──どんなふうにウォッチングするの？
お化粧の濃さとか、持っているもの。たとえば、ブランド物ばっかり持ってるからリッチな人なのかなとか、100円ショップにあったものを使っているなとか、そういうところからどんな仕事しているのかとか分析して、想像するの。

・食事の後片付けは、母親任せだが、料理には興味があるようで、自分の興味に結びつくと家事も意欲的にやっている様子。その中での母親とのコミュニケーションも楽しみにしているのだろう。

・部活の3年生として、自分の技術を後輩に教えることが楽しさになっている。下級生ができるようになるための工夫や達成感が、自分の演奏にも匹敵するやりがいになっている様子。

――ウォッチングの結果を誰かと話すの？
うん。見ながら友達にメールをする。今、横にこんな人がいるよって。そう、完全中継してる感じ。学校でもそのことで盛り上がる。それにメールしてないと眠くなって寝過ごしちゃうから。
――本を読んだりしないの？
あまりしない。酔っちゃうから。
――携帯代は結構かかる？
ううん、3500円くらい。基本料金を超えない。
――帰りはもうウォッチングもメールもしない？
うん。帰りはもう寝ちゃってる。
――疲れてる？
それもあるし、あの揺れ具合で眠たくなる。でも、寝過ごすことはなかったかな。
――他に好きなことはある？
マンガが大好き。すごく好き。
――前からそうなの？
うん、前から。
――家にはたくさんあるの？
お母さんが前に読んでいたのもおもしろかった。
――どんなのを読んだの？
「エースをねらえ！」とか「ベルサイユのばら」とかはおもしろかった。
――他には？
友達から借りてきた「ドラゴンボール」を、全部やっと読めた。次は、「スラムダンク」を読みたいな。
――古典的なのが好きなんだね。
うん、昔のもののほうがおもしろい。それに長いのがいい。
――ドラゴンボールは42巻だっけ。
完結しているのを積んでおいて読むのが好き。続きを読みたいっていうのが続けられるから。
――じゃあ、ドラマも好き？
うん、最近は、「大奥」がおもしろいな。女の戦いっていう感じでドキドキしてるな。

・バスや路面電車の中での人間観察は思いがけない展開だったが、とても楽しそうに話してくれた。違う電車で同時間帯に通学してくる友達と、携帯メールを使って実況中継をし合う楽しさも、「見る」こととそこで生じる「思いつくこと」が本人にとっての「遊び」で、自分の時間になっているようである。

子どもの感想

——インタビューされてみてどう思った?
普段やっていることって聞かれてみて、こんなことを考えていたんだってわかってくることが多かった。いつも何気なくやっていることを考えるなんてなかったから、おもしろかった。

——話していて自分のことどう思った?
変なことしてるんだなあって。だって、ブラウスを決める時から、何かをいつも考えてるところとかね。それからこうやって自分を見てみると、いつも何かを見ていることが多いなって思った。見ながら歩いたり、メールしたりしてるんだなって。そんなふうに自分のこと、考えたことはなかったと思う。

親の感想

いつもの生活をよく話しているなって思いました。でもこんなことを考えていたのかというところもたくさんありました。

電車で人を見て楽しんでいるということも、よく聞いてはいましたが、背景にある彼女の見ることの楽しさと、また疲れを克服する工夫だということは意外でした。歩くことにも、合間を縫って楽しみを見つけようとする行動であったということも知ることができました。

また、いつも会話の中で思うのですが、自分から話すことの楽しさに比べて人からの話を聞くことが少なく、家でもどちらかというと、私が聞き役で終始しているかなという感じです。インタビューを読んでみると、そういういつもの会話とは違って、自分の話から出される問い掛けに、また答えていくというやり取りを楽しんでいるようで、普段の会話のリズムとは違う面を見ることができたように思います。

彼女が、マンガがとても好きなことは普段の生活でもよく知っています。私もマンガが大好きで、若い頃に随分たくさんの本を集めていました。考えてみると、マンガを通じて、私も彼女とのコミュニケーションを楽しめているといえます。

というのは、私が彼女くらいの年齢で夢中になって読んでいたものを、まさか今こうして、娘が喜んで読むとは思ってもみなかった、という楽しさです。そして、読んだあとに互いに感想や批評を話し合うことができます。共感することばかりでなく、違う捉え方や感じ方も自然に話せています。

娘がどんな価値観をもっているのか知りたいと思っているので、こういった共通のベースで日常の会話ができると、考え方や感じ方が伝わってくるので安心感をもてます。もう少しマンガを読む時間を減らしてもいいとは思いますが、集中してやるところも私と似ていると思います。

インタビュアーの感想

　晴香さんは、快活によく話し、教会でも学校でもたくさんの友達がいるようです。音楽も好きで吹奏楽部でも活躍していましたし、教会でも最近はピアノの伴奏をするようになってきました。

　自分ですることを自分で決めていくような印象を日常的に感じて、生活全般でどうなのかインタビューしてみようと思いました。

　話のテンポも早く、あまり迷わないでさっと自分のことが言えるようで、楽しく聞けました。話の内容も、生活そのものは塾と部活で忙しいにもかかわらず、あまりそのことで窮屈にしているというような暗さはなく、逆に小さな楽しみを見つけていることがわかりました。

　本人やお母さんの感想にもありますが、自分のことを問いかけられながら話していくということはあまり経験がなかったようで、話しながら自分のことを別の角度から見てみるおもしろさを感じているように思えました。

　話しているうちに自分のことが見えてくるということが起こると、話すことが一方的な自己表現から、相手が自分に出す問いかけをとおして、自分では気づかなかった見方や考え方に触れながら、相互に情報が動くコミュニケーションに変わっていくのだろうと思います。

　普段の会話でも、問いをもちながら聞くことで、相手のことを知るだけでなく、自分の考え方や感じ方などを問いをとおして開示していくことになるところが、アンケート的なインタビューとは異なるものだと思いました。

　寄り添って聞くということは、単に相手の話に合わせるのではなく、聞き手の自己開示によって、相手が自分自身を見つめ直す話が生まれてくるということでしょうか。

らくだの目

　インタビュアーの「遊ぶ時間ってあるの？」との問いに、「全然ないと思う。部活動と勉強ばっかりだし」と書いてある箇所を読んで、正直のところギョッとしました。中学生で、「遊ぶ時間がない」なんて、信じられないと思ったのです。

　ですから、私だったらここから、「部活って遊びじゃないの？」「勉強と遊びって何が違うと思う？」等々の質問を出していくかなと思いました。というのは、私は、「仕事と勉強の区別はない」「遊びと勉強の区別はない」「仕事と遊びの区別はない」と思っているからです。

　そんな考えに至ったのは、大学で経営学を学び、「人間は何のために働くか？」が私の卒論のテーマだったからで、いやいややりたくないことをやらされている場合に、それが勉強や仕事になるわけで、自分がやりたくてやっているなら、それはすべて遊びである、と考えるようになったからです。

　そんな考えについて、どう思うかを中学生に聞きたくなってしまうだろうと思いました。

子ども・くらし
インタビュー

お母さんとは、映画のことだったら、結構盛り上がって話すなあ。

木下 優くん
きのした ゆう
岡山県岡山市　15歳（中3）

家族構成
父、母、妹（小5）
弟2人（中2、小3）

住居環境
一戸建て

卓球が得意
最近ベースギターを始めた

家族でシェパードを飼っている

TIME TABLE

6 7 8 9 10 11 12 1 2 3 4 5 6 7 8 9 10 11 12 1 2 3 4 5

起床 — 朝食 — 帰宅 — 夕食 — 就寝

インタビューした人
　　西村敬憲（教会の牧師）
　　毎週、教会の中学生クラスで話したり、スポーツを一緒にしている。

インタビュー周辺情報
　　2004年6月5日、日曜日の午後、教会のロビーで友達と一緒にいたところを呼んで、話を聞いた。午後1時から40分ほど。

起きる

——どんなふうに起きるの？
7時頃からウトウトして、15分になったら目覚まし時計で起きる。
——どうして15分に起きられるの？
もうこれ以上寝ていると間に合わんて思うから。
——学校にね。
そう、遅刻はしないようにしているから。
——じゃあ、起きた時はどんな気分？
眠くて、さわやかじゃないな。あーあっていう感じ。
——起こされないんだね。
最近は、自分で起きてるな。
——最近って、いつ頃からなの？
中2の時からだな。
——どうして？
目覚まし時計を変えたんだ。だんだんと音が大きくなっていくやつ。すごくうるさくなる。
——自分で買ったの？
お母さんと買い物をしていたら、それまで使っていた時計の音が小さいのを思い出して、大きな音のものを見つけたから買ってもらった。
——それじゃ、起きてから何をするの？
トイレに「ジャンプ（マンガ）」を持っていく。トイレ行かないで、そのまま寝ちゃう時もあるけどね。
——マンガを読んでるんだ。どのくらい？
15分くらいかな。
——他の家族は使わないの？
もう1つトイレはあるから大丈夫。

着る

——制服は、いつ着るの？
トイレに行って、朝食をして、歯を磨いて、最後だな。
——どうして最後なの？

▼ インタビューから見えてきたこと ▼

・学校には遅刻しないギリギリの時間設定をしている。

・自分のことは自分で決めようとする面だけでなく必要なものを母親と話し合うこともできる。

・トイレの使い方を聞いていると、忙しいような時間帯にもかかわらず、ゆっくりとした時間を自分なりにつくろうとしている。

汚れないためだよ。
――それまではパジャマのまま？
そうだよ。
――アイロンは誰がかけるの？
お母さんがかけてくれる。
――制服を着る時に、決まった着こなし方ってあるの？
ちょっと、ズボンを下にずらしてはくんだ。
――ずらすのは、どのくらいか決めてるの？
腰の骨までかな。引っかけるみたいにね。
――みんながしているからそうするの？
ううん、している人もいるけど、そういうわけじゃない。
――自分で決めているんだ。
まあ、そうかな。ズボンを上げてはいていると、かっこ悪い気がするから。
――かっこ悪い？　普通にはいているのが？
うん。ズボンを上げてはいていると、座っている時にお尻の線がくっきりしちゃうんだ。なんて言うか、お尻がでかく見えるようで、かっこ悪いんだ。
――友達とかを見て、そう思ったんだ？
うん、まあ、そんなところ。それにこっちのほうが涼しいんだ。
――いつからそのスタイルで行ってるの？
中3になってからだな。
――誰かの影響？
ううん、自分でしたいから。でも最近先生に注意されたから、できない時のほうが多いかな。

⚽ 遊ぶ

――何で遊ぶことが多いの？
ほとんど、ゲーム。
――それじゃ、家に帰ってすぐやるわけ？
まずは服を着替えて、何か飲んで、それからプレステⅡを出す。

・身だしなみや清潔さは大切にしている。

・友達の流行に合わせるわけではない。

・友達の着方を観察しながら、自分のスタイルを考えている。特に中3になってから、自分のスタイルが、他の人の目にどのように映るのかを、考えるようになったのかもしれない。

・他の遊びが思いつかなかったようだ。教会へ来れば、バスケやサッカーも中高生の友達とよくする。運動も得意である。

——1人で？
たいていはそう。でも弟（8歳）と遊ぶ時もある。
——弟に付き合ってあげるって感じ？
うーん、「遊んで」って言われるから、しょうがないなって思うな。
——どんなゲームをするの？
「NARUTO」みたいな格闘技系が好きかな。
——弟相手だとあんまり楽しくない？
笑っているのを見ると、楽しいのかなって思うから、まあ、いいかなって感じ。
——それから、1人でやるんだ。どのくらいやるの？
時間はわからない。見てないから。
——でもいつかはやめるんだよね？
暗くなって目が疲れてきたらやめてるかな。2、3時間くらいはやってると思う。でも最近、目が悪くなりそうな気がして、1時間くらいやるのを減らした。
——毎日するの？
そう、だいたい毎日だな。
——どんなゲームが好きなの？
RPG（ロールプレイングゲーム）とか、「テニスの王子さま」みたいなアクション系かな。
——お母さんに何か言われたりする？
「勉強せられえよ（しなさい）」って言われる。
——どうするの？
すぐにはやめない。シカト（ほっておく）してると静かになるから。
——うるさいなって思うんだ？
うん。
——なぜ？
だって勉強をやる時はやるんだし、言われなくたって、ちゃんとやるって自分ではわかってるんだから。
——いつもゲームやってて、その中で幸せだなって思う時ある？
あるよ。できない時。
——えっ、できない時が幸せなんだ？

・弟とは、学年差が5年あるが、一緒に遊ぶことにそれほどストレスがない。ゲームには、年齢差のギャップがあっても楽しめるものが多いのだろう。

・漠然とした時間枠でゲームをしているが、干渉はされたくない。ゲームはかなり集中力を使う時間のようで、ゆったりと過ごしているという自覚ではない。

・勉強とゲームの時間の区別をつけられると、自分で思っているようだ。

そう。難しくてなかなかクリアできない時。
——ああ、壁にぶつかっているっていう感じかな？
そう、できない時は夢中になって一所懸命やっている。だから楽しい。
——じゃあ、そうやって苦労してクリアしたら嬉しいでしょ？
ううん。クリアした時は、なんか気が抜ける感じ。一気にね。嬉しいっていうよりは、やることがなくなったっていう感じ。
——ふーん、そういうものなんだ。
そうだよ。

・ゲームでは、できない壁にぶつかる経験によって、一所懸命になれる楽しさを味わっているということがわかった。

食べる

——夕食は、誰と食べるの？
時々、2、3人で食べる時もあるけど、だいたいは全員で一緒に食べてる。
——お父さん（公務員）も一緒？
うん。お父さんが帰ってくるまでは、みんな待ってる。それまで食べられない。
——何時までは待っているの？
8時くらいかな。
——夕食は何分くらいで食べるの？
結構ゆっくり食べてる。テレビを見ながらだから。
——ゆっくりできる時間だっていうこと？
そう。食事の時がリラックスできる時間だから、楽しい。
——よく話はするの？
あまりしないかな。弟や妹はいつもよくしゃべっていて、お母さんに注意されるけどね。僕は一緒にはしないな。
——お母さんとは？
別の時にはするけど、食事の時はしないかな。
——お父さんとは？
普段はあまりしない。でも外へ食べにいった時なんかに、2人でテーブルについたりする時があって、そうい

・家族が揃う食卓が大切にされている。

・ゆっくりとテレビを見ながら食べることで、リラックスできているという。ゲームの時とは違って、ぼんやりしている時間なのだろうか。

・食事の会話はあまり自分からはしない様子。弟や妹とは、一線を引いているところがあり、一緒にふざけたりはしない。また両親に対しても、会話は少ないが、これは話したくないのではなく、話題によって時と場所を

う時は話す。
──よく行くの？
ううん、時々。
──どんなこと話すの？
たいしたことは話してないかな。ゲームを買う時とか、何かやったり買う時に許してもらうことがあれば話すかな。
──お父さんの許可がいるんだ？
そうだな。結構話しておくかな。

その他

──手伝いはする？
いつもはしない。でも誰かが来る時は、廊下を拭く。
──誰かって決まってるの？
週に1回、家庭教師が来る時。その時はちょっと掃除する。
──家庭教師に教えてもらうのはよくわかる？
うーん、まあまあ。
──ゲームのことはたくさん聞いたけど、他におもしろいなって思うことある？
映画。映画はメッチャ好き。
──じゃあ、結構見にいくんだ？
ううん。あまり見にはいかない。お金があれば見にいきたいけどね。
──最近は何か見た？
「ラスト・サムライ」。まあまあかな。
──あとは、ビデオで見るんだ？
そう。結構見てるな。
──自分でお金出して借りてるの？
だいたいがお母さん。お母さんが借りてきてくれる。「こういうのを借りてきておいて」って言っておくとね。
──どんなものを選ぶの？
テレビなんかで広告が流れる、新作のビデオは見たいな。

選ぼうとしていて、むしろゆっくりと話したいと考えているようである。

・ゲームだけで遊ぶのかと思っていたら、映画に対する興味が深く、とても楽しそうに話してくれた。

――お母さんも映画が好きなんだ。
そう、大好きで、前は毎日に近いくらい借りてくるっていう感じ。
――前から？
そう、ずっと小さい時から。
――それで好きになったんだ。
小さい時から、お母さんがいつも映画を見てる姿が普通のことだと思ってたからね。それで映画が好きになったって思う。
――それからずっと？
ううん、今は結構減ったかな。週に1本か2本くらいだから。もう新作以外は見なくていいって感じかな。
――お母さんと映画の話はよくするの？
うん、映画のことだったら、結構盛り上がって話すなあ。

・母親との交流を映画の話題をとおして楽しんでいる。

――どんなことで盛り上がるの？
いろんなことだけど、新しい発見をした時とかは特にね。今まで気づかなかったことを見つけたりすると、そういうので盛り上がるな。
――じゃあ、ゲームと映画は大切だね。
うーん。でも生活がワンパターンだな。ゲームしているかビデオ見てるか、それで疲れた時は寝てるからね。
――運動は何かしている？
あまりしてないな。燃えてこないっていうか。
――楽しかったものはあるでしょ。
そうだな、夏のキャンプでやったサッカーとか、時々する卓球かな。でも別に体がなまって困るってことはないな。

・ゲームと映画の生活をワンパターンだというあたりは、何か他に広がりのあることを、自分で見つけていきたいという気持ちがあるのではないかと感じた。

――最近、ベースギターを始めたんだよね。
うん、運動より楽しいな。練習もしてるしね。
――どんな練習しているの？
教会で歌っているゴスペルとかの楽譜をコピーしてきて家で弾いてる。
――ベースは自分で買ったの？
うん、貯めたお金とかで。アンプも買った。結構カッ

166

コイイのが見つかって、気に入っているよ。
──好きな歌手はいるの？
あまりいないけど、ポルノグラフィティとかはいいかな。
──よくCDを買ったり、借りたりしてるの？
ラジオを聞いたり、前から持っているCDを聞いているから、新しいのはないな。
──ベースをやるようになって聞き方とか、変わったところはある？
やっぱり、ベースをよく聞くようになってきたかな。
──話は変わるけど、家庭教師に教えてもらってるんだよね。よくわかるの？
わかるようになってきたな。
──どうしてかな。
質問ができるから。
──学校ではできないの？
学校は人がたくさんいるから、先生に1回くらいしか聞けないけど、家庭教師には、わからない時にすぐに聞けるところが違うな。
──すっきりして、前に進めるっていう感じかな。
そう、前よりずっとすっきりしてきたな。
──わかってきたっていう実感があるんだ。
まあね。数学はけっこう上がったな。
──シェパードを飼っていたよね。犬が好きなんだ？
まあ、好きだけど、大きい犬は反対だったな。小さい犬が飼いたかったんだ。
──じゃあ、お父さんが決めて飼ったんだ？
うん、そんな感じ。でも世話とかさせられているな。散歩とかね。
──でも、好きになってきたんじゃない？
まあ、ここまで大きくなくてもいいとは思うけどね。ちょっと怖いよね。でも、前にかみついてきたからちょっと押したら、1メートルくらい飛んじゃって、それからは近づくとちょっと逃げる。思ったより弱いって感じ。最近はなついてくれるようになってきたからまあまあだね。

子どもの感想

——インタビューされてどうだった？
なんだか、好きにしゃべってたな。あんまり考えないでね。
——話してくれていて思ったことある？
生活が変なのかなって思ったな。むちゃなことしてるかなって。
——どんなところ？
ゲームのやり過ぎっていうこと。前から考えていたけど、話しながら改めてそう思ったってことかな。

親の感想

　毎日のことをよく話しているなって思いました。読んでいて、勉強時間とか起きる時間のことでも、結構いろんなことを自分なりに考えてしているんだということがよくわかりました。
　でも、親からみると詰めが甘いというか、今日のことは考えていても、次の日のことまでしておくのは考えていなかったということはあります。それでも、自分のことは自分でするようにいつも考えているようには見えますから、そういうところが話の中に表れていたと思います。
　また、親との会話が少ないというのは、父親からすればゲームのことを厳しく叱ったりすることもあって、心を閉ざしているんじゃないかと思っていましたが、彼が言うように、考えてみれば、2人きりのところではよく話しています。1対1の時間を自分でとろうとしているようですね。
　そのせいか、弟や妹がいる前では、わりと冷ややかに距離を置いて、「自分は違うぞ」と言いたげな雰囲気を発信しています。
　家では父親が子どもの買うゲームにしても発言権が大きいのですが、反抗する時期かもしれないのに、それなりにそういうことを大切にしてくれているようです。でも母親が家族のバランスを保っているのかもしれません（ただ、私が毎日ビデオを見ているということはないので、念のために付け加えさせて下さい）。
　また、楽器をするようになってから、人間関係を楽しむようになってきた気がします。それは私にとっても肩の荷が下りたような気がしています。というのは、悩みとかがあると、今までは私にぶつけてきていたのが、最近は友達や、家庭教師の先生に聞いたりするようになったからです。母親だけという関係から、人間関係の中でもっと幅広く吸収し始めているように思います。
　最近は、しきりと携帯でメールがしたいと言っています。家庭教師の先生にもいろいろと聞けるからとか、学校の先生ともやりとりができるからだそうです。子どもの見ている世界が広がっていくのを感じます。

インタビュアーの感想

　私の長男と同じ年齢で、教会でもそれ以外でもよく行動を一緒にしていることもあって、なんとなく生活や考え方などわかっているようなつもりでいました。
　しかし、朝の起き方や服の決め方のような、普段聞くことのない点を聞いてみると、毎日の生活の様子だけでなく、お母さんとのやり取りや友達への意識の仕方なども出てきて、知らなかったことがたくさんありました。
　いつもはおとなに対して、結構はにかんでなかなか話が続かないようなことがありましたが、楽しそうに話してくれました。
　また、話しながら「ゲームで幸せなのは、できない時だ」とすらすらっと答えてから、どうしてかなと、自分のことを見つめ直すように、自分に合った言葉を選ぼうとしている会話は印象的でした。
　両親との関係も、一緒に行動したり、自分のすることを決めたり、助言を求めたりする様子を話してくれましたが、この世代にありがちな一方的に突っぱねたり、拒絶するようなところもなく、距離を置きながらも自分を受けとめる人として意識しているような話し方でした。
　周りには同じ年代の友達が数人いたのですが、あまりそういうことを意識して嫌がるようでもなく話してくれました。友達に両親のことを話すことは抵抗感があるかなと思いましたが、何を話しても安心して付き合える関係が友人に対してあるようです。
　答えてくれたことから思いついた問いを投げかけていくことで、普段は見えていなかった優君に出会えたようで、楽しい一時でした。

らくだの目

　「ゲームをやっていて、その中で幸せだなって思う時ある？」の問いに、優さんが「あるよ。できない時」と答えているのを読んで、多くの人たちがゲームに夢中になるのは、もしかすると、「できない」を体験できるからなのかと妙に納得してしまいました。
　確かに、簡単にできるようなゲームであれば、すぐに飽きてしまうでしょう。ですから、難しくてなかなかクリアできないことが幸せにつながっていくのはわかるのですが、私がやっている塾での子どもたちの様子とはあまり結びつかないのです。
　というのは、できる箇所をやっている時には喜んでやるのに、学年以上を学ぶようになって、まだ習っていない箇所を学ぶようになると、最初からできるわけがないにもかかわらず、パニックになる子がたくさんいるからです。
　学校は「できない」はダメ、「できる」ことが評価される空間です。しかし、生きていく上で大事な力は、「できない」自分を受け入れる力です。その力がないと、新しいことにチャレンジできません。ですから、そんな力はもしかすると、学校よりも、ゲームで育っているのかもしれないと思ってしまいました。

インタビューゲームのすすめ

インタビューは、いつ、どこでも、誰にでも簡単にできます。そして、インタビューするだけでなく、今度は自分がその相手にインタビューしてもらってください。お互いに簡単なルールを決めて行うのが「インタビューゲーム」です。そのやり方は以下のとおりです。これを読んで、皆さんもぜひ試してみてください。出会いと発見への旅立ちになることでしょう。

step 1
2人1組になって、インタビューする側、される側を決めます。

step 2
20分間、インタビューする側は問いを出し続け、聞いたことをメモに取ります。

> 初めての場合は、20分が適当でしょう。
> 多少慣れてくれば、30分でも1時間でも可能です。

step 3
20分たったら立場を替えて、今までインタビューする側だった人が、インタビューされる側になります。

step 4
お互い聞き終わったら、メモをもとに、相手になりきって書いてまとめます。(10分間で)

> B6位の大きさのカード1枚に10分で書けるところまで書きます。うまく書こうなどと考えず、誤字脱字なども気にせずに、一気に書いてみてください。消しゴムを使ったり、清書をする必要はありません。
> また、相手の話した通りに書く必要はありません。例えば、「○○さんって、どんな人？」と誰かに聞かれた時に、何から話すか。そのままフッと浮かんだことを話すように、書き始めればいいのです。相手が言っていなくても、話を聞いていくうちに自分にはこんなふうに聞こえたということでもOKです。

step 5
最後に書き上げたものを相手に見せて、相手に「それでいい」と言われれば、完成です。

インタビューゲームは新聞記者のインタビューとは違って、聞きたいことを聞くインタビューではありませんから、次のようなルールと注意事項が必要です。

ルール ① 聞く側は何を聞いてもいい

「こんなことを聞いたら、相手は気を悪くするかな」と勝手に自己規制をせず、「どうしてそう思ったの？」などと、相手の話を基に深く聞いていってください。

ルール ② 聞かれる側は、答えたくないことは答えなくてもいい

答えたくないことは「パスします」と言ってOKです。聞く側の安心にもつながっていきます。

注意事項 ①

インタビュアーは、最初から目的があって聞く「アンケート調査」のようにではなく、相手の話を受けて、そこから問いを出すのが原則です。

注意事項 ②

インタビュアーが相手の話を聞いているうちに、自分が話したくなることがよくあります。しかし、それを抑えて聞くことに徹します。

注意事項 ③

聞かれるほうは、聞かれたことだけに答える必要はなく、問いをきっかけに、フッと浮かんだことを話してもいいのです。

LET'S TRY!

ルールと注意事項がわかったからと、すぐに「インタビューゲームをしよう」と誰かに働きかけても、「何、それ？」と聞かれて、説明しているうちに説得口調になって、引いてしまわれることが結構あります。ですから、まずは、「インタビューゲームをしよう」と誘わず、「ただ、聞く」を20分間やってみるとどうなるか、そんなところから始めてみるのはいかがでしょうか？

あとがき

　私は現在、1週間を3日と4日に振り分けて生活しています。火・水・木曜日は「すくーるらくだ」（東京駒込）で生徒に対応し、金・土・日・月曜日は全国各地で催されるさまざまな企画に参加するために出張という具合です。今は岡山での4日間を終え、羽田に帰るANAの機上で、これを書いています。

　岡山での1日目は、自然食料理人の船越康弘氏（『おいしく　楽しく　ありがたく』著者）と私の公開相互インタビューで、テーマは「自分の人生をイメージどおりにデザインする究極の方法」でした。

　2日目は「子連れ講演会」で、子どもも講演会の場から排除しないことを基本に、「放任にも過保護にもならない子育て」をテーマに講演しました。私からの一方通行の話にならないように、できるだけ会場からの質問に沿って話を進め、どんな場であっても情報が生まれるような場づくりを心掛けました。

　3日目は、「学習コーディネーター・実践講座」という5時間の講座で、テーマは「子育てで大切な3つのこと」でした。まず、参加者1人ひとりに「子育てで大切な3つのこと」を書いてもらいます。そして、どうしてそう思ったのかを、参加者が2人1組になって「インタビューゲーム」のやり方で相互に聞き合い、それを文章にまとめてもらいました。

　最後の4日目は同様の講座で、「わが子を勉強する子に育てるには？」というテーマでした。この日は講座途中の2時間だけで帰らなくてはいけない方がいらっしゃったので、参加者の皆さんの希望をお聞きして、まず1時間、私がテーマについての話をしてから、参加者からインタビューを受けることになりました。その後、全員がインタビューを体験するという時間配分でした。

＊

　どんな場面においても、インタビューは場づくりに大きな役割を果たします。インタビューを行うと、どんな企画であってもすべてがライブになり、絶えず情報が生まれる状態になるのです。昨日もそうでした。

　これまでも何度となく講座を行ってきましたが、その中で「インタビューゲーム」をやったあとに、体験されてみてどんな印象だったのかを、できるだけ1人ひとりの方に尋ねてみることにしています。すると、たいていの場合、「聞かれて話すのは気持ちがいいが、聞くほうになった時はちょっと大変だった」という感想から始まり、「書けなかった」「聞き手に徹するのは難しかった」「もっと…すればよかった」というのが、ほとんどの方の印象でした。どうしてかわからないのですが、「…できなかった」という感想を漏らされる方が予想外に多かったのです。そのたびに「インタビューゲームをやると、誰でも書けるようになってしまうのに、なぜ『書けない』『話せない』『聞けない』とい

う感想になるんでしょうね」というような話をしていました。

　しかし、今回の講座で私は、「インタビューゲームをするのは、できない自分を自覚するためなんです」と、これまでとはまったく違った視点で話していることに、はたと気が付きました。これまでもずっと、「できないことはいいこと、すべてはそこから始まる」と話してきたにもかかわらず、それまでは、やはりどこかで私自身が「できることはいいことだ」と思っていたということが、明らかになったのです。

　インタビューゲームには、そもそもお手本になるような、これが正しいインタビューというのがあるわけではありません。ですから、その手本に対して、ここが不足しているとか、ここがうまくいっていないという感想が出てくるはずがない、というのが今までの考えだったのです。ところが、インタビューゲームをやってみて初めてわかることですが、インタビュー後に聞いた話を相手になり代わってまとめることが前提になっているので、誰もが自然と相手への聞き方が変わってくるし、メモもしっかり取るようになります。お互いに自然と、相手が話しやすくなるように配慮していることにも気づきます。

　それまでの単なる会話と違って、役目をもった会話になったことで、インタビューのやり方やまとめ方に、きっと「やり足らなさ感」を覚えるようになり、それが「…できない」という言葉となって口に出てくるのでしょう。だから今は、インタビューゲームの体験者が「…ができている」のに、なぜ「できない」と言うのかが理解できるのです。そして、だからこそ誰もが「インタビューゲームをまたやってみたい」という気持ちになれるのです。インタビューゲームが考案されてすでに15年が経っていますが、私自身も毎回、新鮮な気持ちで臨むことができるのも同じ理由からです。

　私はこのように、今までと異なる説明をしました。これは、思いもよらないことでした。インタビューをされると、想像もしていなかった言葉が自分の口から出ることがあり、私はこの時を「情報が生まれた瞬間」と呼んでいます。つまり、同じ人間に変わりはないのですが、また別の一面が立ち現われた瞬間なのです。今までとは違う話し方で説明した時も、まさに「情報が生まれた瞬間」でした。

＊

　さて、本書では、子どもたちはインタビューを受ける側でしか登場していません。通常のインタビューゲームの場合には、おとなと子どもが組んで相互にインタビューをする時に、子どものほうも相手（おとな）になりきって、相手から聞いた話を文章にまとめることをします。すると、「どうしてこの子がこんなに書けるの？」と、おとなの方がびっくりするようなことがよく起きます。ただし、このように上手に書けるのは、私の判断では小学校の4年生くらいに

ならないと無理かなと思っていて、これまで学校などでインタビューゲームを行う時には、「4年生」を1つの目安にして実施してきました。

しかし、本書の企画の対象は幼児からです。そこで、相手の年齢にかかわらず、どのペアも子どもからおとなへのインタビューは行わず、おとなが「子どもの声を聞く」ことに徹するという試みで、インタビューを実施しました。

事前のリサーチで数人の方にインタビューをしていただき、「問いを出して、答えを聞く」プロセスをそのまま文章で書き出してみたところ、非常に興味深い子どもたちの声がたくさん集まりました。この手応えを基に、「子どもへのインタビューをやってみたい人を募ろう」と判断して、今回の企画を進めたというわけです。

子どもへのインタビューを体験した人たちは、予想もしない返答に、子どもの心の扉を1枚1枚開いていくような感触をもたれ、本当にインタビューを楽しまれた様子が伝わってきました。予想以上の手応えに、親子の間でこのインタビューという手法を使えば、子どもへの理解が今まで以上に深まるのではないかと思えてきました。「この子はこんな子だ」という思い込みから自由になって、特にあまり自分を表現しない子どもへの理解が広がることで、子どもにとって家庭が今まで以上に居心地のいい場所になるような、そんな気がするのです。

＊

本書のタイトルが表しているように、普段は口にしない、聞いたこともないような子どもの考えや気持ちが、インタビューすることによって意外にもすらすらと、「言いぶん」として表に現れてくることがおわかりいただけたと思います。また普段、相手の話を聞こうと思っていたつもりのおとなが、実は自分の考えや思い込みの枠の中で相手の像をつくり上げていて、本当のところでは聞こうとしていなかったことが明らかになり、インタビューすることによって、真に求められている「聞きかた」がおわかりいただけたと思います。

コミュニケーションの不在が叫ばれて久しい現代社会ですが、そんな中、本書をお読みいただいて、より豊かなコミュニケーションを取り戻すための1つの道具としてインタビューを使ってみようと思い立ち、実際に成果をあげることができたとしたなら、この本をつくった甲斐もあると思えるのです。

最後に、今回の企画で、インタビュアーとして快く参加していただいた「おとな」の皆さんと、インタビューを受ける側として参加していただいた「子ども」たちに、心より感謝の意を表します。

平成17年2月

平井雷太

【編著者略歴】

平井雷太（ひらい・らいた）

1949年生まれ。教育研究家。「自分で決めたことを自分で実現する」セルフラーニング研究所を主宰。年間200会場で講座を持つ一方、週3回は「すくーるらくだ」で生徒と対応する。著書には「新・子育て廃業宣言」「見えない学校　教えない教育」など多数。マンスリー通信紙「こお　Co」の編集・発行も手がけている。
URL http://www.rakuda-kyoiku.com/

編集協力　　飯島ツトム
　　　　　　立野由美子
イラスト　　松澤庄一
ブックデザイン　飯田慈子（ウェイツ）

子どもの言いぶん
おとなの聞きかた

2005年4月1日　初版第1刷発行

編　著　平井雷太
発行者　中井健人
発行所　ウェイツ
　　　　〒160-0006　東京都新宿区舟町11番地 松川ビル2階
　　　　TEL 03-3351-1874　FAX 03-3351-1974
　　　　http://www.wayts.net/
印　刷　株式会社シナノ
© 2005 Raita HIRAI
ISBN4-901391-60-7　Printed in Japan
落丁・乱丁の場合はお取り換えいたします。
恐れ入りますが、直接小社までお送りください。